VENTE DES 25, 26, 27 ET 28 AVRIL 1899

CATALOGUE

DE

BONS LIVRES

ANCIENS ET MODERNES

**Livres illustrés des XVIIIe et XIXe siècles
Ouvrages sur Napoléon et l'Empire, Mémoires militaires, Campagne de 1812,
Livres sur la Russie,
Costumes militaires coloriés, etc.**

Dont la vente aura lieu le 25 avril et les 3 jours suivants

HOTEL DROUOT, SALLE N° 8

Par le ministère de Me G. DUCHESNE, commissaire-priseur,
6, rue de Hanovre.

Assisté de M. E. JEAN-FONTAINE, libraire,
30, boulevard Haussmann.

La plupart des livres modernes BROCHÉS sont à l'état de neuf NON COUPÉS.

PARIS
E. JEAN-FONTAINE, LIBRAIRE
30, BOULEVARD HAUSSMANN

1899

E. JEAN-FONTAINE

30, Boulevard Haussmann, 30

ACHAT DE BIBLIOTHÈQUES

ET DE

LIVRES ANCIENS, RARES ET CURIEUX

MANUSCRITS

IMPRESSIONS GOTHIQUES FRANÇAISES DES XVe ET XVIe SIÈCLES
(sauf les Traités de théologie)

LIVRES D'HEURES IMPRIMÉS PAR VÉRARD, GEOFFROY TORY, ETC.

LIVRES A FIGURES SUR BOIS DU XVIe SIÈCLE

FIGURES DE LA BIBLE DU XVIe SIÈCLE, EN PETIT FORMAT

ROMANS DE CHEVALERIE DES XVe ET XVIe SIÈCLES

ENTRÉES ET CÉRÉMONIES DES ROIS ET REINES DE FRANCE

ANCIENS OUVRAGES DE DENTELLES ET DE LINGERIE

POÈTES FRANÇAIS DES XVe ET XVIe SIÈCLES

RECUEIL D'EMBLÈMES DU XVIe SIÈCLE

CALLIGRAPHIE ET CHIFFRES DES XVIe ET XVIIe SIÈCLES

RECUEILS DE CHANSONS AVEC MUSIQUE NOTÉE DES XVIe ET XVIIe SIÈCLES

VOYAGES EN TERRE SAINTE ET EN AMÉRIQUE DES XVIe ET XVIIe SIÈCLES

RECUEILS ET MODÈLES D'ORNEMENTS, D'ORFÈVRERIE, DE MEUBLES,
DE COSTUMES, ETC., ETC.

LES BELLES RELIURES ANCIENNES AVEC OU SANS ARMOIRIES.

DIRECTION DE VENTES PUBLIQUES

MACON, PROTAT FRÈRES, IMPRIMEURS

LA VENTE AURA LIEU

Les Mardi 25, Mercredi 26, Jeudi 27 et Vendredi 28 Avril 1899

A 2 HEURES PRÉCISES

HOTEL DES COMMISSAIRES-PRISEURS, RUE DROUOT, 9,

SALLE N° 8, AU PREMIER

PAR LE MINISTÈRE

DE **Me G. DUCHESNE**, COMMISSAIRE-PRISEUR

Rue de Hanovre, 6

ASSISTÉ DE **M. E. JEAN-FONTAINE**, LIBRAIRE

Boulevard Haussmann, 30.

Les Livres pourront être examinés à la LIBRAIRIE E. JEAN-FONTAINE, du 12 au 22 avril.

ORDRE DES VACATIONS

		Numéros
1re	Mardi 25	1 à 175
2e	Mercredi 26	176 à 350
3e	Jeudi 27	351 à 525
4e	Vendredi 28	526 à fin.

CONDITIONS DE LA VENTE :

La vente se fait au comptant.

Les acquéreurs payeront CINQ POUR CENT en sus des enchères, applicables aux frais.

Les livres devront être collationnés sur place dans les vingt-quatre heures de l'adjudication.

Passé ce délai, ou une fois sortis de la salle de vente, ils ne seront repris pour aucune cause.

M. E. JEAN-FONTAINE remplira les commissions des personnes qui ne pourraient assister à la vente.

CATALOGUE DE BONS LIVRES

1. **Abrantès** (Mme la duchesse d'). Mémoires, souvenirs historiques sur Napoléon, la révolution, le directoire, le consulat, l'empire et la restauration. *Paris*, *Garnier*, 10 vol. — Histoire des Salons de Paris, tableaux et portraits du grand monde. *Paris*, *Garnier*, 4 vol. — Ens. 14 vol. in-12, br.

2. **ADAM (ALBERT). VOYAGE PITTORESQUE** et militaire de Willenberg en Prusse, jusqu'à Moscou, fait en 1812, pris sur le terrain même et lithographié. *Munich*, *Hermann et Barth*, 1828, in-fol., cart. toile.

   3 portraits et 98 planches.

3. **Aicard** (Jean). L'éternel cantique. *Paris*, 1885. — L'amour virginal, ou le devoir des jeunes filles dans leurs chastes amours, par Jacob Cats. *Paris*, *Dentu*, 1886. — Éloge du sein des femmes, ouvrage curieux, par Mercier de Compiègne. *Paris*, *Barraud*, 1873. — Ens. 3 vol. in-8, br.; le dernier relié, non rogné.

4. **Allonville** (Comte d'). Mémoires secrets, de 1770 à 1830. *Paris*, *Werdet*, 1838, 6 vol. in-8, demi-rel. veau rouge.

5. **Amour** (L') aux colonies, singularités physiologiques et passionnelles, observées durant 30 années de séjour dans les colonies françaises. *Paris*, *Liseux*, 1893, in-8, br.

6. **Ananga-Ranga**, traité hindou de l'amour conjugal, traduit du sanscrit d'après la version anglaise. *Paris*, *Liseux*, in-8, br.

7. **Andrews** (Charles-M.). The historical development of modern Europe, from the congress of Vienna, to the present time. *London*, *Putnam*, 1896. — Russian politics, by Herbert, M. Thompson. *London*, *Unwin*, 1896. — Ens. 2 vol. in-8, cart. toile, non rognés.

8. **Annales** de la petite Russie, ou histoire des Cosaques. Saporogues et des Cosaques de l'Ukraîne, par J.-B. Scherer. *Paris*, 1788, 2 vol. — Histoire des Kosaques, précédée d'une introduction par M. Lesur. *Paris*, 1814, 2 vol. — Ens. 4 vol. in-8, br. et demi-rel.

9. **ANTAR**. Poème héroïque arabe, d'après la traduction de Marcel Devic, illustrations en couleur, de E. Dinet. *Paris*, *Piazza*, 1898, in-4, fig., br.

10. **Argenson** (Marquis d'). Mémoires et Journal inédit. *Paris*, *Jannet*, 1857, 5 vol. — Rapports inédits du lieutenant de police René d'Argenson, publié par P. Cottin. *Paris*, *Plon*, 1891. — Ens. 6 vol. in-12, cart. toile rouge, non rognés.

11. **Armées** (The) of to day, a description of the armies of the leading nations of the present time. *London*, *Osgood*, 1893. — The great war of 189* a forecast. *London*, *Heinemann*, 1893. — Ens. 2 vol. in-8, fig., cart. toile, non rognés.

12. **Armstrong** (Walter). Gainsborough his place in english art. with sixty-two photogravures, ant ten lithographic facsimiles in colour. *London*, *W. Heinemann*, 1898, in-fol., fig., cart. toile, tête dor., non rogné.

13. **Arneth** (Alfred Ritter von). Maria Thesesia's erste regierungs Jahre. *Wien*, *W. Braũmuller*, 1863-1879, 10 vol. in-8, portr., br.

14. **Arneth** (Alfred Ritter von). Briefe des Kaiserin Maria Theresia an ihre Kinder und Freuude. *Wien*, *Braumüller*, 1881, 4 vol. — Joseph II und Leopold von Toscana, *Wien*, 1872, 2 vol. — Joseph II und Katbarina von Russland. *Wien*, 1869. — Marie-Antoinette; Joseph II und Leopold II, *Wien*, 1866. — Maria-Theresia und Marie-Antoinette. *Wien*, 1866. — Ens. 9 vol. in-8, br.

15. **Arneth** (Le chevalier Alfred d') et M. A. Geffroy. Marie-Antoinette, correspondance secrète entre Marie-Thérèse et le comte de Mercy-Argenteau. *Paris*, *Didot*, 1875, 3 vol. in-8, br.

16. **Assolant** (Alfred). Récits de la vieille France; François Bûchamor, illustrations de Job. *Paris*, *Delagrave*, gr. in-8, fig. en noir et en couleur, br.

17. **Atlas.** Larousse illustré, 42 cartes, 1.158 reproductions. *Paris*, *Larousse*, in-4, fig., cart., fers spéciaux.

18. **Aubanel** (Léon). Une page d'histoire, voyage du Président de la République en Russie, illustrations de Paul Boyer, Léon Bouet, Mairet, etc. *Paris*, *H. May*, in-4, fig., cart. toile, fers spéciaux, tête dor., non rogné.

19. **Aulard.** État de la France en l'an VIII et en l'an IX. *Paris*, 1897. — Paul Cottin. Toulon et les Anglais en 1793. *Paris*, *Ollendorff*, 1898. — Souvenirs d'Abraham Rösselet. *Neufchâtel*, 1857. — Mémoires du comte Ferrand. *Paris*, *Picard*, 1897. — R. de Cisternes. Le duc de Richelieu. *Paris*, *Lévy*, 1898. — Souvenirs du comte de Montgaillard. *Paris*, *Ollendorff*, 1897. — Les mémoires d'une inconnue. 1780 1816. *Paris*, *Plon* 1894. — Ens. 7 vol. in-8, br.

20. **Aulard** (A.). Paris, pendant la réaction thermidorienne et sous le directoire, recueil de documents pour l'histoire de l'esprit public à Paris. *Paris*, *Quantin*, 1898, 2 vol. in-8, br.

21. **Babeau** (Albert). Paris en 1789, ouvrage illustré de 150 gravures sur bois. *Paris*, *Didot*, 1892, in-8, fig., br.

22. **Bajot** (Édouard). Du choix et de la disposition des ameublements de style, étude des meubles au point de vue de leur destination variée. *Paris*, *Rouveyre*, gr. in-8, fig , cart., non rogné.

23. **Balzac** (H. de). Œuvres complètes. *Paris*, *Houssiaux*, 1855, 20 vol. in-8, portr. et fig., demi-rel. chag. vert.

24. **Balzac** illustré. La peau de chagrin, études sociales. *Paris*, *H. Delloye*, 1838, gr. in-8, fig. sur acier, demi-rel. chag. vert, dos et coins, tr. marb.

Bel exemplaire de premier tirage.

25. **Balzac** (H. de). Petites misères de la vie conjugale, illustrées par Bertall. *Paris*, *Chlendowski*, s. d., in-8, fig., demi-rel. mar. rouge, dos et coins, tête dor., non rogné.

Exemplaire de premier tirage.

26. **Balzac** (De). Les contes drolatiques colligez ez abbayes de Touraine, pour l'esbattement des pantagruellistes et non aultres, cinquième édition, illustrée de 425 dessins de Gus-

tave Doré. *Paris*, *Société de librairie*, 1855, in-8, cart. toile, fers spéciaux, non rogné.

Premier tirage des figures de Gustave Doré.

27. **Balzac** (H. de) Les Chouans, illustrations de Julien Le Blant, gravées sur bois par Léveillé. *Paris*, *Testard*, 1889, gr. in-8, fig. et eaux-fortes, demi-rel. chag. rouge, dos et coins, tête dor., non rogné.

28. **Balzac** (H. de). Une rue de Paris et son habitant, avant-propos par le vicomte de Spoelberch de Lovenjoul, illustrations de François Courboin. *Paris*, *A. Rouquette*, 1899, in-8, fig. en couleur, br.

29. **Balzac.** Les femmes de H. de Balzac, types, caractères et portraits, illustrés de 14 portraits gravés par G. Staal. *Paris*, *Janet*, gr. in-8, fig., cart. toile, fers spéciaux, tr. dor.

30. **Banville** (Théodore de). Camées parisiens, frontispice avec portraits à l'eau-forte de Ulm. *Paris*, *Pincebourde*, 1866, 3 tomes en 2 vol. in-12, fig., demi-cart. toile, ébarb.

31. **Barante** (Baron de). Souvenirs, 1782-1866, publiés par son petit-fils, Claude de Barante. *Paris*, *Lévy*, 1890, 6 vol. in-8, br.

32. **Barbey-d'Aurevilly** (Jules). Une vieille maîtresse. *Paris*, *A. Cadot*, 1851, 3 vol. in-8, cart.

Édition originale.

33. **Barbier** (Journal de). Chronique de la régence et du règne de Louis XV (1718-1763). *Paris*, *Charpentier*, 1885, 8 vol. in-12, br.

34. **Bardoux.** La duchesse de Duras. *Paris*, *Lévy*, 1898. — Mémoires de la comtesse Potocka, 1794-1820. *Paris*, *Plon*, 1897. — Lettres inédites de Madame de Swetchine. *Paris*, *Didier*, 1866. — Le marquis de Vérac et ses amis, par A. de Rougé. *Paris*, *Plon*, 1890. — Le comte de Vergennes et son ambassade en Suède, 1771-1774. — Ens. 5 vol. in-8, portr., br.

35. **Baring-Gould** (S.). The life of Napoléon Bonaparte. *London*, *Methuen*, 1897, in-4, fig., cart. toile, tête dor. non rogné.

36. **Barras**. Mémoires, publiés avec une introduction générale, des préfaces et des appendices par Georges Duruy, *Paris*, *Hachette*, 1895, 4 vol. in-8, portr., br.

37. **Battles** of the nineteenth century, described, by Archibald Forbes, G. A. Henty, major Arthur Griffiths and others. *London*, *Cassell*, 1896, 2 vol, gr. in-8, fig., cart. toile, fers spéciaux.

38. **Baudelaire** (Charles). Souvenirs, correspondance, bibliographie, suivie de pièces inédites. *Paris*, *Pincebourde*, 1872, in-8. demi-rel. mar. brun, dos et coins, tête dor., non rogné.

L'un des six exemplaires sur papier de Chine.

39. **Baudrillart** (Alfred). Philippe V et la cour de France. *Paris*, *Didot*, 1890, 3 vol. in-8, br.

40. **Bausset** (L.-F.-J.). Mémoires anecdotiques sur l'intérieur du Palais et sur quelques événements de l'empire, depuis 1805 jusqu'au 1er mai 1814, pour servir à l'histoire de Napoléon. *Paris*, *Baudouin*, 1827, 4 vol. in-8, portr., demi-rel. veau vert.

41. **Bayard** (Émile). L'illustration et les illustrateurs, ouvrage orné de vignettes des principaux artistes et de portraits par l'auteur. *Paris*, *Delagrave*, 1898, gr. in-8, fig., br.

42. **Beamish** (N. Ludlow). Geschichte der Königlich deutschen légion, mit 18 colorirten abbildungen 4 Schlachtplanen und mehren tabellen. *Hannover*, *Hahn*, 1832, 2 vol. in-8, fig , demi-rel. veau.

18 costumes militaires, très finement coloriés.

43. **Beaumarchais**. Le Barbier de Séville. — Le Mariage de Figaro, 10 eaux-fortes de Valton, gravées par Abot. *Paris*, *Quantin*, 1884. — Le Sage. Turcaret, 5 eaux-fortes de Valton, gravées par Abot. *Paris*, *Quantin*. — Xavier de Maistre, Voyage autour de ma chambre, 6 gravures de C. Delort. *Paris*, *Quantin*, 1883. — Ens. 4 vol. in-12, fig., br.

44. **Beautés de l'Opéra** (Les), ou chefs-d'œuvre lyriques illustrés, par les premiers artistes de Paris et de Londres. *Paris*, *Soulié*, 1845, gr. in-8, fig., demi-rel. chag. rouge.

45. **Beerbohm** (Max). Caricatures of twenty-five gentlemen. *London*, *Smithers*, 1896. — The Pierrot of the minute a dra-

matic phantasy, by E. Dowson with frontispice, vignette, etc., by A. Beardsley. *London, Smithers*, 1897. — The Rape of the Lock un heroi-comical poem in five cantos, by A. Pope, with nine drawings, by A. Beardsley. *London, Smithers*, 1896. — Ens. 3 vol. pet. in-4, fig., cart. toile, non rognés.

46. **Bégin** (Émile). Histoire de Napoléon, de sa famille et de son époque, au point de vue de l'influence des idées napoléoniennes sur le monde. *Paris, Plon*, 1853, 5 vol. in-8, br.

47. **Belles femmes de Paris** (Les), par des hommes de lettres et des hommes du monde, *Paris, au Bureau*, 1839. — Les belles femmes de Paris et de la province, par MM. de Balzac, Roger de Beauvoir, Raymond Brucker, Cordellier, Delanoue, Émile Deschamps, Esquiros, Th. Gauthier, etc. — Ens. 2 vol. in-8, demi-rel.

Frontispice et 49 portraits lithographiés, tirés sur papier de Chine.

48. **Béraldi** (Henri). Estampes et livres, 1872-1892. *Paris, Conquet*, 1892, in-8, fig. en noir et en couleur, br.

49. **Beresford** (James). The miseries of human life, or the groans of Samuel Sensitive and Timothy Testi, with a few. Supplementary sighs from Mrs Testy. *London*, 1807, 2 vol. in-18, fig., demi-rel. mar. rouge, dos et coins, têtes dor., non rognés.

34 planches coloriées par Rowlandson et autres.

50. **Berleux** (Jean) (Quentin-Bauchard). La caricature en France pendant la guerre, le siège de Paris et la Commune, 1870-1871. *Paris, Em. Paul*, 1890, in-8, fig., br.

51. **Bernard** (P.-J.). Œuvres, ornées de gravures d'après les dessins de Prud'hon ; la dernière estampe gravée par lui-même. *Paris, Didot*, 1797, in-4, fig., mar. vert, fil., mors de mar., doublé de tabis, tr. dor. (*Rel. anc.*)

L'un des 150 exemplaires contenant les opéras de l'auteur, avec les figures AVANT LA LETTRE.
Les figures ont été remontées.

52. **Bernhardi** (Theodor von). Geschichte Russland und der europäischen politik in den Jahren 1814 bis 1834. *Leipzig, Hirzel*, 1863, 3 tomes en 4 vol. in-8, br.

53. **Bernhardi** (Theodor von). Denkwürdigkeiten aus dem leben des Kaiserl. russ. generals von der infanterie Carl Friedrich Grafen von Toll. *Leipzig*, *Wigand*, 1865, 4 tomes en 5 vol. in-8, br.

54. **Bernhardis** (Theodor von). Aus dem Leben. *Leipzig*, *Hirzel*, 1893, 6 vol. in-8, portr., br.

Le tome 4 est en demi-rel. chag. brun, dos et coins.

55. **Bertall**. La vie hors de chez soi, comédie de notre temps. L'hiver, le printemps, l'été, l'automne. *Paris*, *Plon*, 1876, gr. in-8, fig., demi-rel. chag. rouge, tête dor., non rogné.

56. **Bertall**. La comédie de notre temps, *Paris*, *Plon*, 1874, 2 vol. gr. in-8, fig., demi-rel. chag. rouge, dos et coins, têtes dor., non rognés.

57. **Bertheroy** (Jean). Femmes antiques, la légende, l'histoire, la Bible, illustrations de Bouguereau, E. Adan, Falguière, G. Rochegrosse, Hector Le Roux, Maurice Leloir, G. Clairin, J.-P. Laurens, E. Toudouze, F. Lematte, gravées par Champollion. *Paris*, *Conquet*, 1892, in-8, fig., br.

58. **Bibliographie** des ouvrages relatifs à l'amour, aux femmes et au mariage, et des livres facétieux, pantagruéliques, scatologiques, satyriques, etc., par M. le comte d'I. (J. Gay), 4e édition. *Paris*, *Lemonnyer*, 1893-1898, 3 vol. (en 16 fascicules), br.

59. **Bibliographie** française, recueil des catalogues des éditeurs français, accompagné d'une table alphabétique par noms d'auteurs et d'une table systématique. *Paris*, *Le Soudier*, 1896, 6 vol. in-8, demi-rel. chag. grenat.

60. **Bibliothèque** de la reine Marie-Antoinette au château des Tuileries, catalogue publié par E. Q. B. (Quentin-Bauchard). *Paris*, *Morgand*, 1884, in-18, br.

61. **Bibliothèque** d'un bibliophile (M. Eugène Paillet, par Henri Béraldi). *Lille*, *Danel*, 1885, in-12, br.

Tiré à petit nombre sur papier de Hollande.

62. **Bibliothèque** Russe et Polonaise. *Paris*, *Franck*, 1858-1861, 14 vol. in-12, br.

63. **Bibliothèque** Slave elzévirienne. *Paris*, *Ernest Leroux*, 1879-1893, 16 vol. in-12, br.

64. **Bilbassoff** (B.). Geschichte Katharina II des russischen originals; vom regierungsantritt Katharinas, 1762 bis 1764; forschungen briefe und documente. *Berlin*, 1893, 2 vol. — Geschichte der Europaïschen staaten, herausgegeben von Heeren, Ukert und Giesebrecht. *Gotha*, *Perthes*, 1882, 2 vol. — Ens. 4 vol. in-8, br.

65. **Bilbassoff** (B. von). Geschichte Katharina II, autorisiete uebersetzung, aus dem Russischen mit einen vorwort von T. Schiemann; Katarina II im urtheille der weltliteratur : die literatur bis zu Katharinas tode 1744-1896. *Berlin*, *J. Rade*, 1897, 2 vol. in-8, br.

66. **Biographie**. Aus meimen Leben. Aufzeichnungen das prinzen Kraft zu Hohenlohe-Ingelfingen. *Berlin*, 1897, tome I[er]. — Heinrich Abeken ein schlichtes leben in bewegter beit aus briefen zusammengestellt. *Berlin*, 1898. — Erinnerunger aus den leben der general Hermann von Boyen. *Berlin*, 1898. — Aus den leben des general Heinrich von Brandt. *Berlin*, 1882. — Die Verbannten des ersten Kaiserreich, *Leipzig*, 1897. — Die Pariser Kommune, 1871. *Berlin*, 1897. — Ens. 6 vol. in-8, portr., br.

67. **Biographie**. Denkwürdigkeiten aus dem leben das general Kriegsministers Grafen von Roon. *Breslau*, 1892, 2 vol. — Karl von François ein soldatenleben nach hinterlassenen memoiren von Cl. von Schwarkkoppen, *Berlin*, 1899. — Memoiren des herzogs Eugen von Wurttemberg. *Frankfurt*, 1862, 3 vol. — Ens. 6 vol. in-8 et in-12, br. et demi-rél.

68. **Biographie**. Theodor Schwedes. Leben und wirken eines Kurhessischen staatsmannes von 1788 bis 1882. *Wiesbaden*, 1899. — Aus dem nachlass von Karl Mathy, briefe aus den Jahren 1846-1848. *Leipzig*, 1898. — Von Zwanzig bis Dreiszig, autobiographisches von Th. Fontane. *Berlin*, 1898. — Die Wiener revolution 1848. *Wien*, 1897. — Ens. 4 vol. in-8 et in-12, br.

69. **Biré** (Edmond de). Journal d'un bourgeois de Paris, pendant la terreur. *Paris*, *Perrin*, 1898, 5 vol. in-12, br.

70. **Biré** (Edmond). Honoré de Balzac. *Paris*, *Champion*, 1897. — Le duc d'Aumale, par Ernest Daudet. *Paris*, *Plon*, 1898. — Les femmes blondes, selon les peintres de l'école de Venise. *Paris*, *Aubry*, 1865. — Frédéric Febvre. Journal d'un comédien, 1850-1894, illustrations de Julian-Demazy. *Paris*, *Ollendorff*, 1896, 2 vol. — Ens. 5 vol. in-8, portr. et fig., br.

L'exemplaire du Journal d'un comédien est sur papier de Chine.

71. **Bismarck**. Gedanken und erinnerungen von Otto Furst von Bismarck. *Stuttgart*, *Cotta*, 1898, 2 vol. in-8, port., cart. toile, fers spéciaux.

72. **Bleibtreu** (Karl). Geschichte und gest der Europaischen Kriege, unter Friedrich dem Grossen und Napoleon. *Leipzig*, 1893, 4 vol. — Der Imperator (Napoléon, 1814,) *Iéna*. — Napoléon Ier. *Dresden*, 1889. — Ens. 6 vol. in-8, br.

73. **BOCCACE (JEAN). LE DÉCAMERON** (traduction d'Antoine le Maçon). *Londres* (*Paris*), 1757-1761, 5 vol. in-8, portr., fig. et culs-de-lampe de Gravelot et Cochin, gravés par Le Mire, veau fauve, petite dent., dos ornés, tr. dor. (*Bozérian*).

Très bel exemplaire contenant la suite des Estampes galantes.

74. **BOKLIN (ARNOLD)**. Eine auswahl der hervorragendsten werke der Kustlers in photogravure. *Munchen*, 3 vol. in-fol., fig., cart., fers spéciaux, têtes dor., non rognés.

75. **BON GENRE (LE)**. Recueil de 115 caricatures, publié sous titre de Bon Genre, depuis le commencement du dix-neuvième siècle (par P. de La Mésangère), in-4, oblong, demi-rel.

Exemplaire un peu court de marges, d'un très beau coloris; la planche 115 manque.

76. **Born** (Georg). Das buch von der Königin Luise, mit portrats und illustrations nach gleichzeitigen originalen und mit fechs bildern von W. Amberg, Woldemar Friedrich, G. Kannengieszer, Franz Skarbina, O. Wisnieski. *Berlin*, *G. Grote*, 1898, in-4, fig., cart. toile, fers spéciaux, tr. dor.

77. **Boucher** (François). Série de 20 pièces en camaïeu, texte par Louis Enault. *Paris*, *Bernard*, 1891, in-fol., en cart.

78. **Bouchot** (Henri). Le luxe français, l'empire, illustration documentaire d'après les originaux de l'époque. *Paris*, gr. in-8, fig. en noir et en couleur, demi-rel. chag. citron, tête rouge, non rogné.

79. **Bouchot** (Henri). Le luxe français; la restauration, illustration documentaire d'après les originaux de l'époque. *Paris*, gr. in-8, fig. en noir et en couleur, demi-rel. chag. bleu, dos et coins, tête dor., non rogné.

80. **Bouchot** (Henri). L'épopée du costume militaire français, aquarelles et dessins originaux de Job. *Paris*, *H. May*, in-4, fig. en noir et en couleur, mar. vert, fers spéciaux, tête dor., non rogné.

81. **Bouchot** (Henri). Le cabinet des estampes à la Bibliothèque Nationale. *Paris*, *Dentu*. — Almanach du bibliophile, pour l'année 1898. *Paris*, *Pellletan*, 1898. — Les zigzags d'un curieux, causeries sur l'art des livres, par Octave Uzanne. *Paris*, *Quantin*, 1888. — Ens. 3 vol. in-8, et in-12, br.

82. **Bourget** (Paul). Cruelle énigme. — Mensonges — Recommencements. — L'amour moderne. — Psychologie contemporaine, 2 vol. — Outremer, 2 vol. — Complications sentimentales. — Ens. 9 vol. in-12, br.

83. **Bourrienne**. Mémoires sur Napoléon, le directoire, le consulat, l'empire et la restauration. *Paris*, *Ladvocat*, 1829, 10 vol. in-8, veau gris, fil. et fers à froid, tr. marb.

84. **Boutet**. Paris-Croquis, du numéro 1, 6 octobre 1888, au 22 juillet 1889, in-4, fig., demi-cart. toile, dos et coins, non rogné.

Avec croquis hors texte à la pointe sèche, par Henri Boutet.

85. **Boutet** (Henri). Pointes sèches, 100 fac-simile. *Paris*, 1898, gr. in-8, fig., br.

86. **Bracquemond**. Étude sur la gravure sur bois et la lithographie. *Paris*, *imprimé pour Henri Béraldi*, 1897, in-8, demi-rel. mar. grenat, dos et coins, non rogné.

Tiré à 118 exemplaires.

87. **Brantôme.** Œuvres complètes, publiées pour la première fois, selon le plan de l'auteur, augmentées de variantes et de fragments inédits par P. Mérimée et L. Lacour. *Paris, Jannet*, 1858, 15 vol. in-12, cart, toile rouge, non rognés.

88. **Brivois** (Jules). Guide de l'amateur, bibliographie des ouvrages illustrés du XIXe siècle, principalement des livres à gravures sur bois. *Paris, P. Rouquette*, 1883, gr. in-8, demi-cart. toile, non rogné.

89. **Broglie** (Duc de). Souvenirs, 1785-1870. *Paris, Lévy*, 1886, 4 vol. L'alliance autrichienne. *Paris, Lévy*, 1895. — Histoire et politique. *Paris, Lévy*, 1897. — Ens. 6 vol. in-8, br.

90. **BROGLIE (DUC DE). LA JOURNÉE DE FONTENOY.** *Navarre, sous la direction d'un amateur*, 1897, gr. in-8, fig., br.

Édition tirée à 200 exemplaires, dont 75 ont été mis dans le commerce.

Elle est ornée de 12 eaux-fortes en 2 états en noir et en couleur, gravées par Adolphe Lalauze, d'après les aquarelles originales d'Alphonse Lalauze.

91. **Bué** (Le capitaine). Livre d'or des Carabiniers. *Paris*, 1898, in-4, fig. en noir et en couleur, veau bleu, fers spéciaux, tête dor., non rogné.

92. **Bülau** (Friedrich). Geheime geschichten und räthselhafte menschen. Sammlung verborgener oder vergessener merkwürdigseiten. *Leipzig, Brockhaus*, 1863, 12 vol. in-12, cart. toile.

Manque le tome XI.

93. **Bulwer-Lytton** (Edward). The last days of Pompeii. *Boston, Estes and Lauriat*, 2 vol. — Armstrong (E.). Lorenzo de Médici and Florence in the fifteenth century. *New-York, Putnam*, 1896. — Ens. 3 vol. in-8, fig., cart. toile, non rognés.

94. **Campagnes** des armées françaises, en Prusse, en Saxe, en Pologne, etc., en 1806 et 1807. *Paris*, 1807, 4 vol. — Relation de la campagne de Russie, par Labaume. *Paris*, 1815. — Lettres sur l'incendie de Moscou, par l'abbé Surrugues. *Paris*, 1823. — Relation impartiale du passage de la Bérésina *Paris*, 1814. — Pièces officielles et bulletins

de la grande armée. *Paris*, 1812. — Histoire de l'ambassade dans le grand-duché de Varsovie, en 1812, par M. de Pradt. *Paris*, 1815. — Ens. 9 vol. in-8, reliés.

95. **Caro** (Dr Jacob). Geschichte Polens. *Gotha, F.-A. Perthes*, 4 tomes en 5 vol. in-8, br.

Tomes 2 à 5.

96. **Casanova de Seingalt** (J.). Mémoires écrits par lui-même, suivis de fragments des Mémoires du prince de Ligne. *Paris, Garnier*, 8 vol. in-8, demi-cart. toile, dos et coins, têtes dor., non rognés.

Exemplaire auquel on a ajouté la suite de 102 figures galantes.

97. **Castellane** (Maréchal de). Journal, 1804-1862. *Paris, Plon*, 1895, 5 vol. in-8, portr., br.

98. **Castera**. Histoire de Catherine II, impératrice de Russie. *Paris, Buisson*, an VIII, 4 vol. in-12, portr., demi-rel. chag. vert, dos et coins, têtes dor., non rognés.

99. **Castil-Blaze**. De l'opéra en France. *Paris, Janet*, 1820, 2 vol. — L'opéra secret au XVIIIe siécle, par Ad. Jullien. *Paris, Rouveyre*, 1880. — La ville et la cour au XVIIIe siècle, par Ad. Jullien. *Paris, Rouveyre*, 1881. — Ar. Pougin. Acteurs et actrices d'autrefois. *Paris*. — Ens. 5 vol. in-8, fig., demi-rel. et cart.

100. **Catalogue** de la collection des Goncourt, dessins, aquarelles et pastels du XVIIIe siècle. — Objets d'art du XVIIIe siècle. — Arts de l'Extrême-Orient. *Paris*, 1897, 3 vol. in-4, nomb. fig., br.

101. **Catalogue** des dessins, aquarelles et miniatures du XVIIIe siècle, composant la collection de M. L. Decloux. *Paris*, 1898, in-4, fig., br.

25 planches.

102. **Catherine II et son règne**, par E. Jauffret. *Paris, Dentu*, 1862, 2 vol. — Catherine II, par la duchesse d'Abrantès. *Paris, Dumont*, 1834. — Vie de Catherine II, impératrice de Russie. *Paris, Buisson*, 1797, 2 vol. — Instruction donnée par Catherine II, impératrice de Russie, pour un nouveau Code de lois. *Lauzanne*, 1769. — Ens. 6 vol. in-8, portr., br. et rel.

103. **Cavalerie** (La) allemande, histoire, organisation, recrutement, etc. *Paris*, 1892. — Niessel. Les Cosaques, étude historique, géographique, économique et militaire. *Paris, Lavauzelle.* — Ens. 2 vol, in-8, fig., br.

104. **Cellarius**. La danse des salons, dessins de Gavarni. *Paris*, 1849. — Histoire pittoresque de la danse, par H. de Soria. *Paris, Noble*, 1897. — Ens. 2 vol. in-8, demi-rel., non rogné et br.

105. **Cent Nouvelles** (Les) nouvelles suivent les cent nouvelles contenant les cent histoires nouveaux qui sont moult plaisans a raconter en toutes bonnes compagnies, par manière de joyeuseté, avec d'excellentes figures en taille-douce, gravées sur les dessins de Romain de Hooge. *Cologne, P. Gaillard*, 1701, 2 vol. pet. in-8, fig., mar. rouge, fil. et dent., doublé de tabis, larges mors de mar dent., dos ornés, tr. dor. (*Rel. anc.*)

106. **Cervantes Saavedra** (Miguel de). L'ingénieux hidalgo Don Quichotte de la Manche, traduit et annoté par Louis Viardot, vignettes de Tony Johannot. *Paris, Dubochet*, 1836-1837, 2 vol. gr. in-8, fig., demi-rel. veau bleu, non rognés.

Exemplaire de premier tirage.

107. **Cham** et **Daumier**. Chargeons les Russes, album de quarante caricatures. — La Nicolaïade de 1854, album de 52 caricatures, par A. Adam. — Ens. 2 vol. in-4, br.

108. **Champfleury**. Les vignettes romantiques, histoire de la littérature et de l'art, 1825-1840. *Paris, Dentu*, 1883, in-4, fig., br.

109. **Chansons** de Montmartre, lithographies de Steinlen. *Paris, Carteret*, in-4, br.

L'un des 75 exemplaires de la suite des figures sur papier de Hollande.

110. **CHANTS ET CHANSONS POPULAIRES** de la France. *Paris, Delloye*, 1843, 3 vol. gr. in-8, figures d'après Meissonier, Grandville, Daubigny, etc., demi-rel. veau bleu, dos et coins, non rognés.

Bel exemplaire avec les couvertures illustrées.

111. **Chateaubriand** (Vicomte de). Mémoires d'outre-tombe. *Paris*, *Penaud*, 1849, 12 vol. in-8, demi-cart. toile, non rognés.

112. **Chavériat** (E.). Histoire de la guerre de trente ans, 1618-1648. *Paris*, *Plon*, 1878, 2 vol. in-8, br.

113. **Chefs-d'œuvre** des auteurs comiques. *Paris*, *Didot*, 1879, 8 vol. in-12, demi-rel. veau fauve, tr. marb.

114. **Cherbourg**. Paris, Châlons, 5-9 octobre 1896. *Paris*, *Gazette des Beaux-Arts*, in-4, fig., br.

115. **Chesney** (Le lieutenant-colonel). Étude sur la campagne de 1815, Waterloo. *Bruxelles*, 1870. — Correspondance et relations de J. Fiévée avec Bonaparte. *Paris*, *Desrez*, 1837, 3 vol. — Édouard Noël. Les Cents Jours, 1815, drame historique. *Paris*, *Delagrave*, 1895. — Ens. 5 vol. in-8, br.

116. **CHÉVIGNÉ, LES CONTES RÉMOIS**, par M. le comte de C. (Comte de Chévigné), dessins de E. Meissonier. *Paris Michel Lévy*, 1858, in-8, lavé et encollé, préparé pour la reliure, tête dorée.

Exemplaire en grand papier de format in-8.

117. **Chodzko** (Léonard). La Pologne historique, littéraire, monumentale et illustrée. *Paris*, 1843, gr. in-8, fig., demi-rel. chag. vert, tr. dor.

Exemplaire de Mlle Rachel.

118. **Chorier** (Nicolas). Les dialogues de Luisa Sigea. *Paris*, *Liseux*, 1881, 4 vol. in-12, demi-rel. chag. grenat, dos et coins, têtes dor., non rognés.

119. **Chuquet** (Arthur). Les guerres de la Révolution. *Paris*, *Plon*, 11 vol. in-12, br.

120. **Claretie** (Jules). Le drapeau. *Paris*, *C. Lévy*, 1886, in-12, demi-rel. mar. rouge, dos et coins, tête dor., non rogné.

L'un des 225 exemplaires publiés par Conquet, orné d'un frontispice et de 12 vignettes dessinés par Kauffmann et gravés par Clapès.

121. **Claretie** (Jules). Récits de guerre. Paris assiégé, 1870-1871. *Paris*, *Boussod*, in-4, fig. en noir et en couleur, cart. toile, fers spéciaux, tête dor., non rogné.

122. **Cleland** (John). Mémoires de Fanny Hill, traduits de l'anglais. *Paris, Liseux*, 1887, in-8, demi-rel. mar. rouge, dos et coins, tête dor., non rogné.

123. **Cohen** (Henri). Guide de l'amateur de livres à gravures, du XVIIIe siècle, cinquième édition, revue, corrigée et considérablement augmentée, par le baron Roger Portalis. *Paris, P. Rouquette*, 1886, in-8, br.

On y a joint E. Crottet. Supplément à la cinquième édition du guide de l'amateur de livres à figures, du XVIIIe siècle. *Amsterdam*, 1890, in-8, br.

124. **Coignet.** Les cahiers du capitaine Coignet. (1776-1850), publiés d'après le manuscrit original, par Lorédan-Larchey; illustrés par J. Le Blant. *Paris, Hachette*, 1888, in-4, fig., cart. toile, fers spéciaux, tr. dor.

125. **Collé** (Charles). Journal et mémoires sur les hommes de lettres, les ouvrages dramatiques et les événements du règne de Louis XV, avec une introduction par Honoré Bonhomme. *Paris, Didot*, 1868, 3 vol. — Correspondance inédite de Collé, faisant suite à son journal. *Paris, Plon*, 1864. — Ens. 4 vol. in-8, br.

126. **COLLECTION COMPLÈTE DES TABLEAUX** historiques de la Révolution française. *Paris, Auber*, 3 vol. in-fol., fig. et portr., mar. grenat, dent, et compart., dos ornés, dent. intér., tr. dor.

127. **COLLECTION DES UNIFORMES** des armées françaises, de 1791 à 1814, dessinés par Horace Vernet et Eugène Lami. — Collection des uniformes des armées françaises, de 1814 à 1824, dessinés par Carle et H. Vernet, et par Eugène Lami. *Paris*, 1822-1825, 2 vol. in-8, fig., demi-rel. chag. brun, têtes dor., non rognés.

148 planches, lithographies coloriées, tirées sur papier gris.

128. **Commines.** Les Mémoires de messire Philippe de Commines, chevalier, sieur d'Argenton, sur les principaux faicts et gestes de Louis onzième et de Charles huictième, son filz, roys de France. *A Lyon, par Jan de Tournes*, 1559, in-fol., veau fauve, fil.

Belle reliure du XVIe siècle, doubles fil., coins et milieu dorés; sur le premier plat, on lit, en haut : *Joan. Jacob. de Clons*; en bas, *1562, Bit. Gal.*

129. **Conegliano** (Duc de). Le second empire, la maison de l'Empereur, préface de Frédéric Masson, avec 14 héliogravures. *Paris, C. Lévy*, 1897, gr. in-8, fig., br.

130. **Conrady** (E. von). Leben und wirken des generals Carl von Grolman. *Berlin, Mittler*, 1894, 3 vol. — Das leben des grafen August von Werder. *Berlin, Mittler*, 1889. — Ens. 4 vol. in-8, br.

131. **Contes** secrets russes. *Paris, Liseux*, 1891, in-8, br.

132. **Correspondance** entre le comte de Mirabeau et le comte de La Mark, en 1789, 1790 et 1791, publiée par M. A. De Bacourt. *Paris, Le Normant*, 1851, 3 vol. in-8, demi-rel. veau vert.

133. **Corrozet** (Gilles). Les antiquitez, croniques et singularitez de Paris, capitalle de France, avec les fondations et bastiments des lieux ; les sepulchres et epitaphes des princes, etc... *Paris, Nicolas Bonfons*, 1588, 2 parties en 1 vol. in-8, fig., vélin.

35 figures sur bois, de Rabel.
Exemplaire taché.

134. **Créquy** (La marquise de). Souvenirs, de 1770 à 1803, *Paris, Garnier*, 10 tomes en 5 vol. in-12, portr., demi-rel. chag. rouge, têtes dor., non rognés.

135. **Crousaz-Crétet** (Léon de). Le duc de Richelieu en Russie et en France, 1766-1822. *Paris, Didot*, 1897. — Correspondance diplomatique du comte Pozzo di Borgo, ambassadeur de Russie en France, et du comte de Nesselrode, 1814-1818. *Paris, Lévy*, 1890, 2 vol. — Le P. Pierling. S. J. La Russie et le Saint-Siège, études diplomatiques. *Paris, Plon*, 1896, 2 vol. — Ens. 5 vol. in-8, portr., br.

136. **Curiositez de Paris** (Les), réimpression, d'après l'édition originale de 1726. *Paris, Quantin*, 1883, in-8, fig., br.

137. **Custine** (Le marquis de). La Russie en 1839. *Paris, Amyot*, 1843, 4 vol. in-12, demi-rel. veau gris.

138. **Cyon** (Élie de). Histoire de l'entente Franco-Russe, 1886-1894. — M. Witte et les finances russes, 1895. — Les finances russes et l'épargne française, 1895. — M. Witte et ses projets de faillite, 1897. — Où la dictature de

M. Witte conduit la Russie, 1897. — Prince de Valori. Le traité Franco-Russe, 1898. — Baron de Baye. Souvenirs d'un couronnement impérial, 1897. — Kiev. La mère des villes russes, 1896. — L'œuvre de Victor Wasnetzoff, 1896. — Causeries sur quelques toiles de l'école moderne en Russie, 1897. — Notices sur les familles illustres et titrées de la Pologne, 1862. — Ens. 11 vol. in-8, portr., br.

139. **Cyrano Bergerac.** Voyages fantastiques, publié par Marc de Montifaud. *Paris, Jouaust*, 1875, in-12, br.

140. **D'Amonville.** Les cuirassiers du roi, le 8e cuirassier, journal historique du régiment, 1638-1892. *Paris, Lahure*, 1892. — H. de Place. Historique du 12e cuirassier, 1668-1888. *Paris, Lahure*, 1889. — P. Arvers. Historique du 82e régiment d'infanterie, 1684-1876. *Paris, Lahure*, 1876. — Faivre d'Arcier. Historique du 37e régiment d'infanterie, 1587-1893. *Paris, Delagrave*, 1895. — Raoul Dupuy. Historique du 3e régiment de hussards, de 1764 à 1887. *Paris, Piaget*, 1887. — Le manuscrit des Carabiniers. *Paris*, 1894. — Ens. 6 vol. in-8, fig. en noir et en couleur, br.

141. **Danrit** (Capitaine). Jean Tapin, histoire d'une famille de soldats, illustrations de Paul de Sémant. *Paris, Delagrave*, gr. in-8, fig., br.

142. **Darimon** (Alfred). Œuvres. *Paris, Dentu*, 1884, 10 vol. in-12, br.

143. **Das Buch** vom Jahr 1812 oder Napoleon in Russland. *Quedlinburg*, 1844, 3 vol. — Tagebuch des Koniglich preussischen armeekorps unter befehl des general von Nork in Feldzuge, von 1812. *Berlin*, 1823, 2 vol. — Ens. 5 vol. pet. in-8, br. et cart.

144. **Daudet** (Alphonse). Œuvres. *Paris, Charpentier*, 26 vol. in-12, demi-rel. chag. rouge, têtes dor., non rognés, 1 vol., broché.

145. **Daudet** (Alphonse). Sapho, compositions de Auguste-François Gorguet, gravure à l'eau-forte, de Louis Muller. *Paris, Magnier*, 1897, in-8, br.

Collection des dix.
Exemplaire sur papier vélin de cuve.

★

146. **Daudet** (Ernest). Histoire de l'émigration, les Bourbons et la Russie pendant la Révolution française. — Coblentz, 1789-1793. — Les émigrés et la seconde coalition. *Paris*, 3 vol. in-8. — Histoire de la conjuration de Louis-Philippe-Joseph d'Orléans, Égalité, par Montjoie. *Paris*, *Dentu*, 1834, 3 vol. — Ens. 6 vol. in-8, br.

147. **Davidsohn** (Robert). Geschichte von Florenz. *Berlin*, *Mittler*, 1896, in-8, br.

Tome premier.

148. **Davout**, maréchal d'empire, duc d'Auerstaedt, prince d'Eckmühl, par le comte Vigier. *Paris*, *Ollendorff*, 1898, 2 vol. — Opérations du 3e corps, 1806-1807, rapport du maréchal Davout, duc d'Auerstaedt. *Paris*, *Lévy*, 1896. — Correspondance du maréchal Davout, prince d'Eckmühl, ses commandements, son ministère, 1801-1815. *Paris*, *Plon*, 1885, 4 vol. — Ens. 7 vol. in-8, port., br.

149. **Dayot** (Armand). La révolution française, constituante, législative, convention, directoire, d'après les peintures, sculptures, gravures, médailles, objets du temps *Paris*, *Flammarion*, in-4, oblong, fig., demi-rel. chag. rouge, dos et coins, fers spéciaux, tête dor., non rogné.

150. **Dayot** (Armand). Napoléon, raconté par l'image, d'après les sculpteurs, les graveurs et les peintres. *Paris*, *Hachette*, 1895, in-4, fig., br.

151. **Dayot** (Armand). Journées révolutionnaires, 1830, 1848, d'après les peintures, sculptures, dessins, lithographies, médailles, etc. *Paris*, *Flammarion*, in-4, oblong, fig., demi-rel. chag. rouge, dos et coins, fers spéciaux, tête dor., non rogné.

152. **Dayot** (Armand). Les Vernet, Joseph, Carle, Horace. *Paris*, *A. Magnier*, 1898, in-4, fig., br.

153. **Delines** (Michel). Russie, nos alliés chez eux. *Paris*, *H. May*, in-4, fig., cart. toile, fers spéciaux, tr. dor.

154. **Delvau** (Alfred). Histoire anecdotique des cafés et cabarets de Paris, avec dessins et eaux-fortes de Gustave Courbet, Léopold Flameng et Félicien Rops. *Paris*, *Dentu*, 1862, in-12, fig., br.

Édition originale.

155. **Delvau** (Alfred). Les cythères parisiennes, histoire anecdotique des bals de Paris, avec 24 eaux-fortes et un frontispice de Félicien Rops et Émile Thérond. *Paris, Dentu,* 1864, in-12, fig., br.

Édition originale.

156. **Delvau** (Alfred). Histoire anecdotique des barrières de Paris, avec 10 eaux-fortes par Émile Thérond. *Paris, Dentu,* 1865, in-12, fig., br.

Édition originale.

157. **Delvau** (Alfred). Françoise, chapitre inédit de l'histoire des quatre sergents de La Rochelle, avec une eau-forte d'Émile Thérond. *Paris, Faure,* 1865. — Les lions du jour, physionomies parisiennes. *Paris, Dentu,* 1867. — Ens. 2 vol. in-12 et in-18, demi-rel.

Éditions originales.

158. **Delvau** (Alfred). Les heures parisiennes, 25 eaux-fortes d'Émile Benassit. *Paris, librairie Centrale,* 1866, in-12, br.

Édition originale. On y a joint : Histoire du livre d'Alfred Delvau, intitulée Heures parisiennes. *Paris,* 1872, in-12, br.

159. **DEMIDOFF** (**ANATOLE DE**). Voyage dans la Russie méridionale et la Crimée, par la Hongrie, la Valachie et la Moldavie, exécuté en 1837, par MM. de Sainson, Le Play, Huot, Léveillé, de Nordmann, Rousseau et du Ponceau, dessiné d'après nature et lithographié par Raffet. *Paris, Gihaut,* in-fol., demi-rel. toile.

100 planches, épreuves sur papier de Chine.

160. **Demidoff** (Anatole de). Voyage dans la Russie méridionale et la Crimée, par la Hongrie, la Valachie et la Moldavie, illustré par Raffet. *Paris, Bourdin,* 1854, gr. in-8, fig. noires et coloriées, demi-rel. mar. vert, dos et coins, tête dor., non rogné. (*Couverture.*)

161. **Descostes** (François). Joseph de Maistre pendant la Révolution, ses débuts diplomatiques, souvenirs de la société d'autrefois. *Tours, Mame,* 1895, 3 vol. — Le marquis de La Rouerie et la conjuration bretonne, par G. Lenôtre. *Paris, Perrin,* 1899. — Ens. 4 vol. in-8, portr., br.

162. **DESCRIPTION GÉNÉRALE ET PARTICULIÈRE** de la France (publiée par de Laborde, Guettard, Beguillet, etc.). *Paris, Lamy*, 1781-1796, 12 tomes en 6 vol. in-folio, 5 front. et 779 fig., mar. bleu, dent., dos ornés, dent. intér., tr. dor.

163. **Desjardins** (Gustave). Le petit Trianon, histoire et description. *Versailles, Bernard*, 1885, in-8, fig., demi-rel. chag. bleu, tr. dor.

164. **Devaux-Mousk** (Paul). Fleur du persil, illustrations de Gallice. *Paris, Monnier*, 1887, in-8, fig., br.

165. **Diable à Paris**. Paris et les Parisiens, mœurs et coutumes, caractères et portraits des habitants de Paris, par G. Sand, Stahl, F. Soulié, Ch. Nodier, Th. Gautier, A. de Musset, illustrations de Gavarni, etc. *Paris, Hetzel*, 1845-1846, 2 vol. gr. in-8, demi-rel. chag. rouge, dos et coins.

Exemplaire de premier tirage.

166. **Dickens** (Charles). Vie et aventures de Martin Chuzzlewit, 2 vol. — Dombey et fils, 3 vol. — David Copperfield, 2 vol. — Ens. 7 vol. in-12, demi-rel. veau rouge, non rognés.

167. **Diguet** (Charles). Les jolies femmes de Paris, 20 eaux-fortes par Martial. *Paris*, 1870, in-8, demi-cart. toile, dos et coins, non rognés. (*Couvertures*.)

Envoi de Ch. Diguet.

168. **Dix-huitième siècle** (Le). Les mœurs, les arts, les idées, récits et témoignages contemporains. *Paris, Hachette*, 1899, in-4, fig., demi-rel. chag. rouge, dos et coins, tête dor., non rogné.

169. **Doris** (Charles). Secret memoirs of Napoleon. *London, Gowans*, 1896. — Albert Vandam. Undercurrents of the second empire, notes and recollections. *London, Heinemann*, 1897. — Ens. 2 vol. in-8, portr., cart. toile, non rognés.

170. **Douglas** (Robert). Sophie Arnould, traduit par Charles Grolleau, compositions par Ad. Lalauze. *Paris, Ch. Carrington*, 1898, in-8, fig., br.

171. **Dronsen** (J. G.). Das Leben des feldmarschalls Grafen

York von Wartenburg. *Berlin*, 1890. — Die Brigade Thielmann, in dem Feldzuge von 1812, in Russland, *Dresden*, 1879. — Die Schlacht bei Borodino am 7 Septemberg 1812. — Die Beresina uebergang des Kaisers Napoleon. *Berlin*, 1896. — Der Russische, Feldzug 1812. *Iena*. — Ens. 5 vol. in-8, br.

172. **Dubois** (Marcel) et Camille Guy. Album géographique, 500 gravures. *Paris*, *A. Colin*, 1896, 2 vol. in-4, fig., br.

173. **Du Camp** (Maxime). Paris, ses organes, ses fonctions et sa vie, dans la seconde moitié du XIXe siècle. *Paris*, *Hachette*, 1883, 6 vol. in-12, demi-rel. chag. rouge, têtes dor., ébarbés.

174. **Du Camp** (Maxime). Les convulsions de Paris. *Paris*, *Hachette*, 1889, 4 vol. in-12, demi-rel. chag. rouge, têtes dor., non rognés.

175. **Dufour** (Pierre) (Paul Lacroix). Histoire de la prostitution chez tous les peuples du monde. *Bruxelles*, *Rozez*, 1861, 6 vol. in-12, fig., br.

176. **Dumas** (Alexandre). Les trois mousquetaires, avec une lettre d'Alexandre Dumas fils, compositions de Maurice Leloir, gravures sur bois, de J. Huyot. *Paris*, *C. Lévy*, 1894, 2 vol. gr. in-8, fig., demi-rel. mar. grenat, dos et coins, têtes dor., non rognés.

177. **Dumas fils** (Al.). Théâtre complet. *Paris*, *C. Lévy*, 1876, 6 vol. in-12, portr., demi-rel. chag. rouge, têtes jasp., non rognés.

Avec deux lettres autographes et un envoi de Dumas fils à M. Philippe de Forges.

178. **Dumas fils** (Alexandre). La dame aux camélias, préface de Jules Janin, et nouvelle préface inédite de l'auteur, illustrations de A. Lynch. *Paris*, *Quantin*, 1887, in-4, br.

179. **Dumas fils** (Alexandre). Un cas de rupture, illustrations page à page, par Eugène Courboin. *Paris*, *Quantin*, 1892, in-4, fig., br.

180. **Duruy** (Victor). Histoire des Romains depuis les temps les plus reculés jusqu'à l'invasion des barbares, édition

enrichie de 2.500 gravures d'après l'antique. *Paris*, *Hachette*, 1879, 7 vol. gr. in-8, fig., demi-rel. chag. rouge, dos et coins, têtes dor., non rognés.

181. **Duruy** (Victor). Histoire des Grecs, depuis les temps les plus reculés jusqu'à la réduction de la Grèce à la domination romaine, nouvelle édition, enrichie de 2.000 gravures, dessinées d'après l'antique. *Paris*, *Hachette*, 1887, 3 vol. gr. in-8, fig., demi-rel. chag. rouge, dos et coins, têtes dor., non rognés.

182. **Dussieux** (L.). Le château de Versailles, histoire et description. *Versailles*, *Bernard*, 1881, 2 vol. in-8, et atlas in-4, oblong, fig., br.

Exemplaire sur papier de Hollande.

183. **Elise von Bernstorff** (Grafin). Geboren grafin von Dernath, ein bild aus der zeit von 1789 bis 1835; aus thern aufzeichnungen. *Berlin*, *Mittler*, 1896, 2 vol. in-8, portr., br.

184. **Erdmannsdörffer** (E.). Politische correspondenz Karl. Friedrichs von Baden. 1783-1806. *Heidelberg*, *Carl Winter*, 1888-1896, 4 vol. in-8, br.

185. **Esquisses** du pays, du caractère et du costume en Portugal et en Espagne, prises pendant la campagne et durant la marche de l'armée anglaise, en 1808 et 1809, gravées et colorées d'après les dessins du Rév. Guillaume Bradford. *London*, *John Booth*, 1812, in-4, mar. rouge, dent. et fers à froid, tr. dor.

55 planches en couleur.

186. **Estampes miniatures** (Les). *Paris*, *Boussod*, 2 vol. in-8, cart. toile, fers spéciaux, tr. dor.

Albums 5 et 10, contenant 48 figures, sujets mythologiques.

187. **Estampe moderne** (L'), publication mensuelle contenant quatre estampes originales en couleur et en noir, des principaux artistes modernes français et étrangers. *Paris*, 1897-1898, in-fol., fig., cart. toile, fers spéciaux, tête dor., non rogné.

50 planches.

188. **Étude** sur la flagellation à travers le monde, au point de vue historique, médical, religieux, domestique et conjugal. *Paris*, *Ch. Carrington*, 1899, in-8, fig., br.

Avec une suite de sept eaux-fortes en carton.

189. **Eugène** (Le prince). Mémoires et correspondance politique et militaire, publiés, annotés et mis en ordre par A. Du Casse. *Paris*, *M. Lévy*, 1858, 10 vol., demi-rel. chag. rouge.

190. **FABER DU FAUR** (**C. G. DE**). Feuilles extraites de mon portefeuille, dessinées sur les lieux, pendant la campagne de Russie, de 1812. *Stuttgart*, *Autenrieth*, 1831, in-folio. — Texte explicatif, par F. de Kausler, in-4. — Ens. 2 vol. in-fol. et in-4, demi-rel. mar. rouge, dos et coins, têtes dor., non rognés.

101 lithographies, cachets, sur les marges.
96 feuillets de texte.

191. **Faber du Faur** (G. de). Campagne de Russie, 1812, d'après le journal illustré d'un témoin oculaire, avec introduction par Armand Dayot. *Paris*, *Flammarion*, gr. in-8, fig., cart. toile, tr. dor.

192. **Fauriel** (Claude). Les derniers jours du consulat. *Paris*, *Lévy*, 1886. — Mémoires du cardinal Consalvi, secrétaire d'État du pape Pie VII. *Paris*, *Plon*, 1864, 2 vol. — Villemain. Souvenirs contemporains d'histoire et de littérature, *Paris*, *Didier*, 1864, 2 vol. — Lombroso, Micellanes Napoleonica. *Rome*, *Mendel*, 1896, séries 2 à 4, 2 vol. — 7 vol. in-8, demi-rel. et br.

193. **Feuillet de Conches** (F.). Causeries d'un curieux, variétés d'histoire et d'art, tirées d'un cabinet d'autographes et de dessins. *Paris*, *Plon*, 1862, 4 vol. in-8, br.

194. **Feuillet** (Octave). Monsieur de Camors, onze compositions par S. Rejchan, gravées à l'eau-forte par Mme Louveau-Rouveyre, MM. Daumont et Duvivier. *Paris*, *Quantin*, 1885, in-8, fig., br.

195. **Figaro** illustré, de l'origine, 1884, à 1898, 111 numéros, in-fol., fig. en noir et en couleur, en liv.

Collection complète avec tous les suppléments.

196. **Fitzmaurice** (Lord Ed.). Life of William earl of Shelburne afterwards first marquess of Lansdowne. *London, Macmillan*, 1876, 3 vol. — Wheatley (Henry B.). Historical portraits, some notes on the painted portraits of celebrated characters of England, Scotland and Ireland *London, G. Bell*, 1897, nomb. portr. — Ens. 4 vol. in-8, cart. toile, non rognés.

197. **Flameng** (Léopold). Paris qui s'en va et Paris qui vient. *Paris, Cadart*, 1860, in-4, cart. toile, non rogné.

198. **Flaubert** (Gustave). Un cœur simple, illustré de vingt-trois compositions, par Émile Adan, gravées à l'eau-forte par Champollion, préface par A. de Claye. *Paris, Ferroud*, 1894, in-8, fig., br.

199. **Flaubert** (Gustave). La légende de saint Julien l'Hospitalier, illustrée de vingt-six compositions par Luc-Olivier Merson, gravées à l'eau-forte par Gery-Richard, préface par Marcel Schwob. *Paris, Ferroud*, 1895, in-8, fig., br.

200. **Flourens** (E.). Alexandre III, sa vie, son œuvre. *Paris, Dentu*, 1894. — Nicolas Notovitch. L'empereur Alexandre III et son entourage. *Paris, Ollendorff*, 1893. — J.-M. Villefranche. La Russie contemporaine, les Tsars au XIXe siècle. *Paris*. — Nicolas Notovitch. L'empereur Nicolas II et la politique russe. *Paris, Ollendorff*, 1895. — Ens. 4 vol. in-8, portr., br.

201. **Fournier** (Édouard). Le Vieux-Neuf. *Paris, Dentu*, 1877, 3 vol. — L'art de la reliure en France. *Paris, Dentu*, 1888. — L'esprit des autres. *Paris, Dentu*, 1886. — L'esprit dans l'histoire. *Paris, Dentu*, 1883. — Ens. 6 vol. in-18, br.

202. **Fournier** (Édouard). Histoire des enseignes de Paris. *Paris, Dentu*, 1884. — Promenades historiques dans Paris. *Paris, Dentu*, 1894. — Énigmes des rues de Paris. *Paris, Dentu*, 1892. — Histoire du Pont-Neuf, *Paris, Dentu*, 2 vol. — Chroniques et légendes des rues de Paris. *Paris, Dentu*, 1893. — Ens. 6 vol. in-12, br.

203. **Français** (Les) peints par eux-mêmes, encyclopédie morale du XIXe siècle, texte par Balzac, J. Janin, Karr, F. Soulié,

Méry, Petrus Borel, H. Monnier, Ch. Nodier, R. de Beauvoir, T. Gautier, L. Gozlan, etc. *Paris, L. Curmer*, 1840-1842, 9 vol. gr. in-8, nomb. fig., cart. toile grise, ébarbé.

204. **France** (Anatole). La leçon bien apprise, conte, imagé et manuscrit par Léon Lebègue. *Paris, Floury*, in-8, fig. en couleur, br.

205. **Freeman** (Edward). Histoire générale de l'Europe, par la géographie politique. *Paris, A. Colin*, 1886, in-8 et atlas in-4, br.

206. **Galerie** historique des portraits des comédiens de la troupe de Voltaire, gravés à l'eau-forte par Frédéric Hillemacher, avec des détails biographiques par E.-D. de Manne. *Lyon, Scheuring*, 1871, in-8, fig., mar. rouge, fil., dos orné, dent. intér., tr. dor. (*Capé*).

207. **Galerie** historique des portraits des comédiens de la troupe de Molière, gravés à l'eau-forte, par Frédéric Hillemacher. *Lyon, Louis Perrin*, 1858, in-8, fig., mar. rouge, fil.,dos orné, dent. intér., tr. dor. (*Capé*).

208. **Galerie** historique des comédiens de la troupe de Talma. Notice sur les principaux sociétaires, par E.-D. de Manne, portraits gravés à l'eau-forte, par Frédéric Hillemacher. *Lyon, Scheuring*, 1866, in-8, portr., br.

209. **Galerie** historique des comédiens de la troupe de Nicolet. Notices sur certains acteurs et mimes, par E.-D. de Manne et C. Ménétrier, portraits gravés à l'eau-forte, par Frédéric Hillemacher. *Lyon, Scheuring*, 1869, in-8, fig., mar. rouge, fil., dos orné, dent. intér., tr. dor. (*David*).

210. **Séraphin** (Feu). Histoire de ce spectacle, depuis son origine jusqu'à nos jours. 1776-1870. *Lyon, Scheuring*, 1875, in-8, portr. et vignettes par Hillemacher, mar. vert, fil., dos orné, dent. intér., tr. dor. (*Masson-Debonnelle*).

211. **Galerie** historique des acteurs français, mimes et paradistes, pour servir de complément à la troupe de Nicolet, par E.-D. de Manne et C. Ménétrier, portraits gravés à l'eau-forte, par J.-M. Fugère. *Lyon, Scheuring*, 1877, in-8, fig., br.

Exemplaire sur papier de Chine.

212. **Galibert** (Léon). Histoire de la république de Venise. *Paris*, *Furne*, 1847, gr. in-8, fig., demi-rel. chag. violet.

213. **Galitzin** (Augustin). Documents relatifs au Patriarcat moscovite, 1589. *Paris*, 1857. — Cosmographie moscovite, par André Thevet. *Paris*, 1858. — Relation des particularités de la rébellion de Stënko-Razin. *Paris*, 1856. — Histoire de la conqueste faite par le jeune Demetrius. *Paris*, 1858. — Description de l'Ukraine. *Paris*, 1861. — Témoignage d'un contemporain sur saint Vladimir. *Paris*, 1861. — Discours de l'origine des Russiens. *Paris*, 1856. — Récit du sanglant et terrible massacre arrivé dans la ville de Moscou. *Paris*, 1859. — Souvenirs d'un exilé en Sibérie. *Leipzig*, 1862. — Mélanges sur la Russie. *Paris*, 1863. — Ens. 10 vol. in-12, br. et demi-rel.

214. **Gautier** (Théophile). Histoire de l'art dramatique en France depuis vingt-cinq ans. *Bruxelles*, *Rozez*, 1858, 6 vol. in-12, br.

Édition originale.

215. **Gautier** (Théophile). Émaux et camées. — Théâtre. — Histoire du romantisme. — Portraits contemporains. — Vacances du lundi. — Portraits et souvenirs littéraires. — Souvenirs du théâtre. — Caprices et zigzags. — Bergerat, Théophile Gautier. — Ens. 9 vol. in-12, br.

216. **GAUTIER (THÉOPHILE). L'ELDORADO, OU FORTUNIO.** *Paris*, *imprimé pour les amis des livres*, 1880, in-8, fig., br.

Tirage à 115 exemplaires, avec les eaux-fortes de *Milius* en double état, sur papier du Japon et sur Hollande, et les vignettes de *Paul Avril*, en double épreuve sur papier de Chine.

L'on y a joint l'EAU-FORTE de *Paul Avril* pour le menu du dîner du 4 mai 1880.

217. **Gautier** (Théophile). Le roi Candaule, illustré de vingt et une compositions de Paul Avril, préface par Anatole France. *Paris*, *Ferroud*, 1883, in-8, fig., demi-rel. mar. vert olive, dos et coins, non rogné. (*Couverture*).

Exemplaire sur papier du Japon, avec les figures en double état.

218. **Gautier** (Théophile). Militona, un portrait et dix compositions d'Adrien Moreau, gravées par A. Lamotte. *Paris*, *Conquet*, 1887, in-8, fig., br.

219. **Gautier** (Théophile). Une nuit de Cléopâtre, illustrée de vingt et une compositions, par Paul Avril, préface par Anatole France. *Paris, A. Ferroud*, 1894, in-8, fig., br.

220. **Gautier** (Théophile). Jean et Jeannette, illustré de vingt-quatre compositions, par Ad. Lalauze, préface par Léo Claretie. *Paris, A. Ferroud*, 1894, in-8, fig., br.

Exemplaire sur grand papier vélin d'Arches.

221. **Gautier** (Théophile). Omphale, histoire rococo, illustrations de Ad. Lalauze, préface par A. de Claye. *Paris, A. Ferroud,* 1896, in-12, fig., br.

Exemplaire sur papier vélin d'Arches, avec les figures en double état.

222. **Gautier** (Théophile). La chaîne d'or, illustrations de Georges Rochegrosse, préface par Marcel Schwob, *Paris, A. Ferroud,* 1896, gr. in-8, fig., br., en cart.

Tirage à 200 exemplaires, figures en double état, en noir et en couleur.

223. **Gautier** (Théophile). La mille et deuxième nuit, illustrée de neuf compositions, par Ad. Lalauze, préface de L. Gastine. *Paris, A. Ferroud*, 1898, in-8, fig., br.

224. **Gauthier** (Théophile). Fortunio, vingt-quatre lithographies en couleur, de A. Lunois. *Paris*, 1898, gr. in-8, fig., br.

225. **Gautier** (Hippolyte). L'an 1789, événements, mœurs, idées, œuvres et caractères, avec 650 reproductions de vignettes, d'estampes et de tableaux de l'époque. *Paris, Delagrave*, in-4, fig., demi-rel. chag. rouge, dos et coins, tête dor., non rogné.

226. **Gavarni**. Œuvres choisies, revues, corrigées, et nouvellement classées par l'auteur. *Paris, Hetzel*, 1846-1848, 4 vol. gr. in-8, fig., cart. toile, tr. dor.

227. **Geschichte** des Feldzuges von 1814 in dem ostlichen und nordlichen frankreich bis zur einnahme von Paris. *Berlin*, 1842, 3 vol. — Geschichte von Feldzugs von 1815 in den niederlanden und frankreich. *Berlin*, 1837, 2 vol. — Ens. 5 vol. in-8, br.

228. **Geschichte** des gegenwartigen Kriegs zwischen Russland,

Polen und der Ottomannischen pforte, mit Kupfer. *Frankfurt*, 1771, 36 parties en 3 vol. pet. in-4, demi-rel.

A la fin du premier volume, une suite de 16 planches de costumes de l'armée russe, coloriées.

229. **Gigoux** (Jean), sa vie, ses œuvres, ses collections, par Estignard. *Besançon*, 1895. — G. Courbet, sa vie et ses œuvres, par Estignard. *Besançon*, 1897. — Mémoire de Vélasquez sur 41 tableaux envoyés à l'Escuria par le baron Davillier. *Paris*, *Aubry*, 1874. — Émile Zola, Ed. Manet. *Paris*, *Dentu*, 1867. — Exposition des peintures et dessins de H. Daumier. *Paris*, 1878. — Les terres émaillées de Bernard Palissy, inventeur des rustiques figulines. *Paris*, 1863. — Ens. 6 vol. in-8, portr. et fig., br. et demi-rel.

L'exemplaire de H. Daumier provient de Champfleury, avec une lettre et des corrections de sa main.

230. **GILLRAY. THE WORKS OF JAMES GILLRAY**, from the original plates, with the addition of many subjets not before collected. *London*, *Henry G. Bohn*, 2 vol. in-folio, fig., demi-rel. mar. rouge, dos et coins, tr. dor.

582 caricatures, plus 45 pour les « *Suppressed plates* », en tout 627 pièces.
L'on y a joint : Wrighf et Evans, Account of the caricatures of James Gillray. *London*, 1851, in-8, cart.

231. **Gœthe.** Faust, première partie, préface et traduction de H. Blaze de Bury, onze eaux-fortes de Lalauze, gravures de Méaulle, d'après Wogel et Scott. *Paris*, *Quantin*, 1880, in-4, fig., demi-rel. mar. noir, dos et coins, non rogné.

Exemplaire avec les figures en double état.

232. **GONCOURT (EDMOND ET JULES DE). L'ART** du dix-huitième siècle. *Paris*, *Dentu*, 1859-1872. 12 fascicules, pet. in-4, portr. et dessins, 44 planches gravées à l'eau-forte, br. en livraisons.

Les Saint-Aubin. — Watteau. — Prudhon. — Boucher. — Greuze. — Chardin. — Fragonard. — Débucourt. — La Tour. — Gravelot et Cochin. — Eisen et Moreau. — Notules, additions.

233. **Goncourt** (Edmond et Jules de). La Femme au dix-huitième siècle, édition illustrée de soixante-quatre reproductions. *Paris*, *Didot*, 1887, gr. in-8, fig. en noir et en couleur, demi-rel. mar. rouge, dos et coins, tête dor., non rogné.

234. **Goncourt** (Edmond et Jules de). Madame de Pompadour, édition illustrée de cinquante-cinq reproductions. *Paris, Didot*, 1888, gr. in-8, fig., br.

235. **Goncourt** (Edmond et Jules de). Histoire de la Société française pendant la Révolution. *Paris, Quantin*, 1889, in-4, demi-rel. chagr. grenat, dos et coins, tête dor., non rogné.

236. **Goncourt** (Edmond de). La fille Élisa, compositions et eaux-fortes originales de Georges Jeanniot. *Paris, Testard*, 1895, in-8, fig., br.

Collection des dix.
L'un des 50 exemplaires sur papier vélin de cuve, avec une double suite des eaux-fortes.

237. **Goncourt** (Journal des). Mémoires de la vie littéraire. *Paris, Charpentier*, 1891, 9 vol. in-12, br.

238. **Goya**. Los agua-fuertes conocidos con el nombre de Caprichos y notas biographicas del autor por M. Segui y Riera. *Barcelona*, 1873, in-4, en cart.

Portrait et 79 planches.

239. **Graf zur Lippe** (E.). Husaren buch. *Berlin*, 1863. — Geschichte des Königl. Preuss. 6 husaren regiments. *Berlin*, 1860. — Ens. 2 vol. in-8, 3 portraits coloriés, cart. toile, non rognés.

240. **Grand-Carteret** (J.). Les mœurs et la caricature en France, 8 planches en couleur, 36 planches hors texte et 500 illustrations dans le texte. *Paris*, gr. in-8, fig., demi-rel. veau fauve.

241. **Grand-Carteret** (J.). Les mœurs et la caricature en Allemagne, en Autriche, en Suisse, avec préface de Champfleury. *Paris, Westhauser*, 1885, gr. in-8, fig., br.

242. **Grand-Carteret** (John). XIXe siècle (en France). Classes, mœurs, usages, costumes, inventions. *Paris, Didot*, 1893, gr. in-8, fig. en noir et en couleur, demi-rel. chagr. rouge, fers spéciaux, tr. dor.

243. **Grande Ville** (La), nouveau tableau de Paris, comique, critique et philosophique, par MM. Paul de Kock, Balzac, Dumas, Soulié, Gozlan, Briffaut, etc. *Paris, Marescq*, 1844, 2 vol. gr. in-8, fig., demi-rel. chag. bleu.

244. **Grands** (Les) écrivains de la France. *Paris*, *Hachette*, 28 vol. in-12, br.

245. **GRANDVILLE** (J.-J.). **LES MÉTAMORPHOSES DU JOUR**. *Paris*, *chez Bulla*, 1829, in-4 oblong, demi-cart. toile.

73 planches coloriées.

246. **Granville** (A.-B.). Saint-Pétersbourg, a Journal of travels to and from that capital. *London*, *Colburn*, 1828, 2 vol. — Memoirs of prince Potemkin, field-marshal. *London*, *Colburn*, 1813. — Ens. 3 vol. in-8, portr. et fig., br. et demi-rel.

247. **Grim**, Diderot, Raynal, Meister, etc. Correspondance littéraire, philosophique et critique, notice et notes par Maurice Tourneux. *Paris*, *Garnier*, 1877, 16 vol. in-8, demi-rel. chag. vert.

248. **Grosjean** (Georges). La Révolution française (1789-1799), d'après les documents contemporains et les historiens modernes, préface de Charles Bigot. *Paris*, *Picard*, in-4, fig., br.

249. **Grouchy** (Maréchal de). Mémoires, publiés par le marquis de Grouchy. *Paris*, *Dentu*, 1873, 5 vol. in-8, br.

250. **Gruyer** (F.-A.). La peinture au château de Chantilly, École française, ouvrage illustré de quarante héliogravures. *Paris*, *Plon*, 1898, gr. in-8, fig., br.

251. **Guérin** (Léon). Histoire de la dernière guerre de Russie, 1853-1856. *Paris*, *Dufour*, 1858, 2 vol. gr. in-8, fig., demi-rel. chag. bleu.

252. **Guizot**. Mémoires pour servir à l'histoire de mon temps. *Paris*, *Lévy*, 8 vol. in-8, br.

253. **Halévy** (Ludovic). Trois coups de foudre, dix dessins de Kauffmann, gravés par T. de Mare. *Paris*, *Conquet*, 1886, in-18, fig., demi-rel. mar. rouge, dos et coins, non rognés.

254. **Halévy** (Ludovic). Récits de guerre, l'invasion, 1870-1871, dessins par L. Marchetti et Alfred Paris. *Paris*, *Boussod*, in-4, fig. en noir et en couleur, demi-rel. chag. rouge, dos et coins, tête dor., non rogné.

255. **Halévy** (Ludovic). La famille Cardinal, illustrations de Charles Léandre. *Paris*, *Testard*, 1893, in-8, fig., br.

L'on y a joint un tirage à part des eaux-fortes.

256. **Harisse** (Henry). L.-L. Boilly, peintre, dessinateur et lithographe, sa vie et son œuvre, étude suivie d'une description de 1.360 tableaux, portraits, dessins et lithographies de cet artiste. *Paris*, 1898, in-4, portr. et fig., br.

257. **Hatton** (Joseph). By order of the Czar, the tragic story of Anna Klosstock, queen of the Ghetto. *London*, *Hutchinson*. — Memoirs of a russian princess, by K. Pasha. *London*, *privately printed*, 1890. — Boris Lenski, from the german, by Ossip Schubin. *New-York*, *Worthington*, 1891. — Folk-lore and legends, russian and Polish. *London*, *Gibbings*, 1890. — Ens. 4 vol. in-12, cart. toile et br.

258. **Hauterive** (Ernest d'). L'armée sous la Révolution, 1789-1794. *Paris*, *Ollendorf*, 1894. — Mémoires militaires du général Jean Hardy, 1792-1802. *Paris*, *Baudoin*, 1883. — Le maréchal de Ségur, 1724-1801. *Paris*, *Plon*, 1895. — Mémoires d'un officier des gardes françaises, 1789-1793. *Paris*, *Plon*, 1897. — Mémoires du chevalier de Mautort, 1752-1802. *Paris*, *Plon*, 1895. — Journal de l'adjudant général Ramel. *Paris*, *Lahure*, 1887. — Ens. 6 vol. in-8, br.

259. **Heberstein, Neiperg et Guetnbag** (Sigismondo libero barone). Comentari della Moscovia, et parimente della Russia, et delle alcre cose belle et notabili. *Venetia*, *G. B. Pedrezzano*, 1560, in-4, carte, vélin.

Le bas du titre coupé.

260. **Heine** (Heinrich). Sein leben in seinen liedern (1797-1856); ein breviarium zum 100 geburtstage. *Berlin*, *Fischer*, 1897, in-12, cart. toile, non rogné.

261. **Heyck** (Ch.). Monographien zur Weltgeschichte in derbindung mit anderen herausgegeben. *Bielefeld*, *Velhagen*, 1897, 6 vol. in-8, fig., cart. toile, têtes dor., non rogn.

Die Mediceer. — Stadtewesen und Bürgertum. — Kaiser Maximilian I. — Bismarck. — Wallenstein. — Koningin Elisabeth, von England.

262. **Hildebrand** (Karl). Żeiten, Volker und Menschen. *Strâssburg*, *K. Trübner*, 1886, 7 vol. in-12, portr., br.

263. **Histoire** amoureuse des Gaules, par Bussy-Rabutin. *A Liège*, s. d., pet. in-12, vélin.

Édition à la croix de Malte, de 259 pages et 1 feuillet pour la *clef*.

264. **Histoire** de Pierre III, empereur de Russie. *Paris*, an VII, 3 vol. — Considérations sur l'état de la Russie sous Pierre le Grand. *Berlin*, 1791. — Mémoires secrets sur la Russie, et particulièrement sur la fin du règne de Catherine II. *Amsterdam*, 1800, 4 vol. — Ens. 8 vol. in-8, portr. et fig., br. et rel.

265. **Histoire** des quatre fils Aymon, tres nobles et tres vaillans chevaliers, illustrée de composition en couleur, par Eugène Grasset, gravure et impression par Charles Gillot. *Paris*, *Launette*, 1883, in-4, fig., br.

266. **Histoire** du Père Jean-Baptiste Girard, jésuite et recteur du collège de la marine, à Toulon, et de la damoiselle Marie Caterine Cadière, divisé en 32 planches. *Paris*, in-4, cart.

Titre et 31 planches.

267. **Histoire** du 4e régiment de cuirassiers, 1643-1897. *Paris*, *Lahure*, 1897, 2 vol. in-4, fig. en noir et en couleur, br.

268. **Histoire** ou anecdotes sur la révolution de Russie, en l'année 1762. *Paris*, 1797. — Histoire de la révolution de Pologne, en 1794. *Paris*, 1797. — Frédéric II, Catherine et le partage de la Pologne, par Frédéric de Smitt. *Paris*, 1861. — Ens. 3 vol. in-8, br. et demi-rel.

269. **Histoire** pittoresque, dramatique et caricaturale de la Sainte-Russie, illustrée de 500 gravures, par Gustave Doré. *Paris*, *Bry*, 1854, gr. in-8, fig., demi-cart. toile, dos et coins, non rogn. (*Couverture*.)

270. **History** of the war in Russia and Turkey, and the Russian empire. *London*, in-4, fig., veau bleu, fil. et fers à froid.

271. **Hogarth** illustrated by John Ireland. *London*, *Boydell*, 1791, 3 vol. — Graphic illustrations of Hogarth, from pictures, drawings and scarce prints, in the possession of Samuel Ireland. *London*, *Faulder*, 1794. — Ens. 4 vol. in-8, veau jasp., fil.

272. **Holmes** (Richard R.). Queen Victoria. *London, Boussod*, 1897, in-4, fig., br.

273. **Houssaye** (Arsène). Voyage à ma fenêtre. *Paris, Lecou*, gr. in-8, fig., demi-rel. mar. brun, non rogné.

274. **Houssaye** (Arsène). Les mille et une nuits parisiennes. *Paris, Dentu*, 1879, 4 vol. in-8, br.

275. **Houssaye** (Arsène). Les confessions, souvenirs d'un demi-siècle, 1830-1880. *Paris, Dentu*, 1888, 6 vol. in-8, portr. et fig., br.

276. **Hugo** (A.). France militaire, histoire des armées françaises de terre et de mer, de 1792 à 1833. *Paris, Delloye*, 1837, 5 vol. gr. in-8, fig., demi-rel. veau fauve.

277. **Hugo** (Victor). Œuvres, édition nationale. — Odes et ballades. — Orientales. — Châtiments. — Hernani. — Esmeralda. — Quatre-vingt-treize. — Napoléon le Petit. — Histoire d'un crime. — William Shakspeare. — Ens. 9 vol. in-4, fig., br.

278. **Hugo** (Victor). Notre-Dame de Paris, sculpture de Falguière, compositions de Bieler, Falguière, Myrbach et Rossi, gravées par Ch. Guillaume. *Paris, Ed. Guillaume*, 1888, in-18, fig., br. (*Emboîtage.*)

279. **Hugo** (Victor). Correspondance, 1815-1882. *Paris, Lévy*, 1898, 2 vol. — Louis Amiable. Une loge maçonnique d'avant 1789, la R.·. L.·. les neuf sœurs. *Paris, Alcan*, 1897. — Le public et les hommes de lettres en Angleterre au XVIIIe siècle, par Alexandre Beljame. *Paris, Hachette*, 1897. — Un précurseur, Senancour, par Jules Levallois. *Paris, Champion*, 1897. — Ens. 5 vol. in-8, br.

280. **Illustrated record** (An) of important events in the annals of Europe during, the years 1812, 1813, 1814 and 1815, comprising a series of views of Paris Moscow, the Kremlin, Dresden, Berlin, the battles of Leipzig, etc. *London, T. Bensley*, 1815. — The campaign of Waterloo, 1816, 2 parties en 1 vol. in-folio, demi-rel. chag. grenat, dos et coins.

24 belles planches en couleur.

281. **Imagier** (L'). *Paris*, 1894-1895, 2 vol. gr. in-8, fig., br.

82. **Imbert.** Le jugement de Pâris, poeme en IV chants. *Amsterdam*, 1772, in-8, titre gravé, 4 figures de Moreau et 4 vignettes de Choffard, demi-rel. vélin vert, non rogné.

283. **Imbert de Saint-Amand.** Les femmes des Tuileries. *Paris, Dentu*, 12 vol. in-12, br.

284. **JAIME (E.). MUSÉE DE LA CARICATURE**, ou recueil des caricatures les plus remarquables, publiées en France depuis le quatorzième siècle jusqu'à nos jours. *Paris, Delloye*, 1838, 2 tomes en 1 vol. in-4, fig., demi-rel. chag. vert, dos et coins, tr. marb.

Nombreuses planches en couleur.
Il manque la figure 217 : *Les curieux en extase.*

285. **Jal** (A.). Dictionnaire critique de biographie et d'histoire, errata et supplément pour tous les dictionnaires historiques, d'après des documents authentiques inédits, deuxième édition. *Paris, Plon*, 1872, gr. in-8, demi-rel. chag. brun, dos et coins, tr. jasp.

286. **Janin** (Jules). Histoire de la littérature dramatique. *Paris, M. Lévy*, 1853, 6 vol. in-12, cart. toile rouge, non rognés.

Édition originale.

287. **Janin** (Jules). Rachel et la tragédie. *Paris, Amyot*, 1859, gr. in-8, fig., demi-rel. chag. vert, fers spéciaux, tr. dor.

288. **Jeanssen** (Jean). L'Allemagne et la Réforme, traduit de l'allemand, avec une préface de M. G.-A. Heinrich. *Paris, Plon*, 1887, 4 vol. in-8, br.

289. **Joinville** (Prince de). Vieux souvenirs (1818-1848). *Paris, C. Lévy*, 1894, gr. in-8, fig., br.

290. **Kaiserlich** Russische armée. *Wien, Johann Cappi*, in-4, fig., demi-rel. mar. vert, dos et coins, non rogné.

18 costumes coloriés.

291. **Kinghoffer.** Ein dezennuim preussischer orientpolitik zur beit des baren Nikolaus. *Berlin*, 1897. — Frankreich, Russland und der dreibund. *Berlin*, 1893. — Aus der grossen Kurfürsten letzten Jahren. *Berlin*, 1897. — Metternich und seine auswartige politik. *Stuttgart*, 1898, tome Ier. —

Das Jahre vitasiatischer politik, 1894-1897, beiträge zur geschichte des chinesisch-japanischen krieges. *Stuttgart*. — Denkwurdigkeiten des geheimen regierungs rathes D[e] Stieber. *Berlin*, 1884. — Ens. 6 vol. in-8, br. ; le dernier, demi-rel.

292. **Klinckowström** (Le baron R. M.). Le comte de Fersen et la cour de France, extraits des papiers du grand maréchal de Suède, comte Jean-Axel de Fersen. *Paris*, *Didot*, 1877, 2 vol. in-8, portr., br.

293. **Knackfusz** (H.). Kunsler monographien in Verbindung mit andern herausgegeben. *Bidefeld*, *Velhagen*, 1898, 37 vol. in-8, fig., cart. toile, têtes dor., non rognés.

Raffael. — Rubens. — Rembrandt. — Michelangelo. — Durer. — Vélasquez. — Menzel. — Téniers. — A. v. Werner. — Murillo. — Knaus. — Franz Hals. — A. van Dyck. — Ludwig Richter. — Watteau. — Thorwaldsen. — Holbein. — Defregger. — Terborch und Jan Steen. — Reinhold Begas. — Chodowiecki. — Tiepolo. — Vautier. — Lenbach. — Hubert und Jan van Eyck. — Véronèse. — Mantegna. — Schinkel. — Tizian. — Correggio. — M. van Schwind. — Rethel. — Leonardo da Vinci. — Botticelli. — Ghirlandajo. — Canova. — Pinturicchio.

294. **Knötel** (Richard). Uniformenkunde lose blatter zur geschichte der enwickelung der militarischen tracht, herausgegeben gezeichnet und mit kurzen texte verschen. *Rathenow*, *Bubenzien*, 1890, 8 cartons, pet. in-4.

460 costumes militaires coloriés.

295. **Kock** (Paul de). Œuvres complètes. *Paris*, *Rouff*, 97 vol. in-12, br.

296. **Köppen** (Fedor von). Die Hohenzollern und das Reichs, von der Gründung des Brandenburgisch Dreuszischen staates bis zum regierung santritt Friedrich des Grossen. *Glogau*, *C. Flemming*, 4 vol. in-8, fig., cart. toile, fers spéciaux.

297. **Kraus** (Franz Xaver). Dante sein leben und sein Werke, sein verhaltniss zur Kunst und zur politik ; mit zahlreichen illustrationen. *Berlin*, *Grote*, 1897, gr. in-8, fig., demi-rel veau, fers spéciaux, tête dor., non rogné.

298. **Kriegerleben** des Johann von Borcke weiland Kgl. preuss. obertslieutenants, 1806-1815. *Berlin*, 1888. — Auerstedt und Iena, von Bruno v. Treuenfeld. *Hannover*,

1893, 2 vol. — Aus dem leben des general. Heinrich von Brandt. *Berlin*, 1870. — Erlebniffe eines veteranen der grossen armée, muhrend des Feldzuges in Russland, 1812. *Dresden*, 1860. — Ens. 5 vol. in-8, cart., br.

299. **Kriegsgeschichtliche** einz elschriften, herausgegeben vom grossen generalstabe abtheilung für kriegs geschichte. *Berlin*, 1898. -- Der antheil des koniglich sachsischen armee am feldzuge gegen Russland, 1812. *Leipzig*, 1896. — Geschichte eines offiziers im kriege gegen Russland, 1812. *Berlin*, 1897. — Leipzig während der Schreckenstage der Schlacht im monat oktober 1813. *Leipzig*, 1896. — Ens. 3 vol. in-8 et 1 vol. in-12, br.

300. **Kugler** (Franz). Geschichte Friedrichs des Grossen, gezeichnet, von Adolph. Menzel. *Leipzig*, *Weber*, 1840, gr. in-8, fig., demi-rel. chag. brun.

301. **Laborde** (M. de). Choix de chansons mises en musique, ornées d'estampes en taille-douce, par Moreau et Le Barbier. *Rouen*, *Lemonnyer*, 1881, 4 vol. gr. in-8, fig., br.

302. **Laborde** (Comte Alexandre de). Versailles ancien et moderne. *Paris*, 1841, gr. in-8, fig., demi-rel. chag. rouge, dos et coins.

303. **Lacombe** (Paul). Bibliographie parisienne, tableaux de mœurs. 1600-1880. *Paris*, *P. Rouquette*, 1887, in-8, br.

304. **Lacretelle.** Précis historique de la Révolution française. *Paris*, *Didot*, 1810, 6 vol. in-18, fig., veau marbr., fil.

305. **Lacroix** (Paul). Histoire de la vie et du règne de Nicolas Ier, empereur de Russie. *Paris*, *Hachette*, 1864, 8 vol. in-8, br.

306. **Lacroix** (Paul). Les arts, mœurs, usages et costumes, vie militaire et religieuse, sciences et lettres, au moyen âge et à l'époque de la Renaissance. *Paris*, *Didot*, 1880, 4 vol. gr. in-8, fig. en noir et en couleur, demi-rel. chag. rouge, fers spéciaux, tr. dor.

307. **Lacroix** (Paul). XVIIe siècle, institutions, usages et costumes, lettres, sciences et arts. *Paris*, *Didot*, 1880, 2 vol. gr. in-8, fig. en noir et en couleur, demi-rel. chag. rouge, fers spéciaux, tr. dor.

308. **Lacroix** (Paul). XVIIIe siècle, institutions, usages et costumes, lettres, sciences et arts. *Paris*, *Didot*, 1885, 2 vol. gr. in-8, fig. en noir et en couleur, demi-rel. chag. rouge, fers spéciaux, tr. dor.

309. **Lacroix** (Paul). Directoire, Consulat et Empire, mœurs et usages, lettres, sciences et arts. *Paris*, *Didot*, 1885, gr. in-8, fig. en noir et en couleur, demi-rel. chag. rouge, fers spéciaux, tr. dor.

310. **La Fayette** (Mme de). La princesse de Clèves, préface par Anatole France; un portrait et douze compositions de Jules Garnier, gravés par A. Lamotte. *Paris*, *Conquet*, 1889, in-8, fig., demi-rel. mar. grenat, dos et coins, tête dor., non rogné.

311. **Lafayette** (Général). Mémoires, correspondance et manuscrits, publiés par sa famille. *Paris*, *Fournier*, 1838, 6 vol. in-8, br.

312. **Lafenestre** (Gustave) et E. Richtenberger. La peinture en Europe, catalogues raisonnés des œuvres principales, conservés dans les musées, collections, édifices civils et religieux. *Paris*, *H. May*, 5 vol. pet. in-8, fig., cart. toile, fers spéciaux.

Musée du Louvre. — Florence. — La Belgique. — Venise. — La Hollande.

313. **La Fontaine** (M. de). Contes et nouvelles, en vers. *Paris*, *Barraud*, 1874, 2 vol. in-8, fig. en cart.

Réimpression de l'édition des Fermiers généraux.

314. **La Fontaine**. Contes, avec illustrations de Fragonard, réimpression de l'édition de Didot, 1795, revue et augmentée d'une notice par M. Anatole de Montaiglon. *Paris*, *Lemonnyer*, 1883, 2 vol. in-4, fig., br.

Exemplaire sur papier de Chine, avec les figures en 4 états.

315. **La Fontaine** (Jean de). Contes et nouvelles en vers, ornés d'estampes d'Honoré Fragonard, Monnet, Touzé et Milius, gravés d'après les dessins originaux, par Le Rat, Milius, Mongin et R. de Los Rios, notice par Anatole de Montaiglon. *Paris*, *P. Rouquette*, 1883, 2 vol. in-8, fig., demi-rel. mar. brun, dos et coins, têtes dor., non rognés

316. **La Gorce** (Pierre de). Histoire du second empire. *Paris, Plon*, 1894, 3 vol. — Histoire contemporaine, la chute de l'empire. le gouvernement de la défense nationale, l'assemblée nationale, par Samuel Denis. *Paris, Plon*, 1897, 2 vol. — Ens. 5 vol. in-8, br.

317. **Lano** (Pierre de). La cour de Berlin. — Un drame aux Tuileries. — Après l'empire. — L'amour à Paris. — La cour de Napoléon III. — L'empereur Napoléon III. — — L'impératrice Eugénie. *Paris*, 1894. — Ens. 7 vol. in-12, br.

318. **Larrey** (Le baron). Madame Mère (Napoleonis Mater), essai historique. *Paris, Dentu*, 1892, 2 vol. in-8, portr., br.

319. **L'Artiste.** 1re année, 1831, 2 vol. — 1834, 2 vol. — Ens. 4 vol. in-8, nomb. fig., demi-rel.

320. **Laurent de L'Ardèche.** Histoire de l'empereur Napoléon, illustrée par Horace Vernet. *Paris, Dubochet*, 1839, gr. in-8, fig., cart. illustré, non rogné.

Exemplaire de premier tirage.

321. **Lavalette.** Memoirs of count Lavalette adjutant and private secretary to Napoleon. *London, Gibbings*, 1894. — Jeaffreson (J. C.). Lady Hamilton and Lord Nelson, an historical biography based on letters and other documents in the Morisson collection. *London, Hurst*, 1897. — Memoirs ot Joseph Fouché Duke of Otranto. *London*, 1894. — Ens. 3 vol. in-8, portr., cart. toile, non rognés.

Les Mémoires de Lavalette sont sur grand papier.

322. **Lavisse** (Ernest) et Alfred Rambaud. Histoire générale du IVe siècle à nos jours. *Paris, A. Colin*, 1896, 10 vol. in-8, br.

323. **Lefebvre** (Armand). Histoire des Cabinets de l'Europe pendant le Consulat et l'Empire, 1800-1815. *Paris, Amyot*, 1866, 5 vol. in-8, br.

324. **Le Grand d'Aussy.** Histoire de la vie privée des Français, depuis l'origine de la nation jusqu'à nos jours, avec des notes, corrections et additions, par J.-B.-B. de Roquefort, *Paris*, 1815, 3 vol. — Des sépultures nationales, et particu-

lièrement de celles des rois de France. *Paris* 1824. — Ens. 4 vol. in-8, veau gris, fil., tr. jasp. (*Bauzonnet*).

Bel exemplaire de Roquefort, avec un billet de sa main.

325. **Lejeune** (Baron), maréchal de camp. Souvenirs d'un officier de l'empire. *S. l.* (*Toulouse*), 1851, 2 vol. in-8, portr. et fig., br.

Édition originale, très rare.

326. **Lenôtre**. Marie-Antoinette, la captivité et la mort. *Paris, Perrin*, 1897. — Le treize vendémiaire an IV, par H. Zivy. *Paris, Alcan*, 1898. — La guillotine pendant la Révolution, par G. Lenôtre. *Paris, Perrin*, 1893. — Carrier à Nantes, 1793-1794, par le comte Fleury. *Paris, Plon*, 1897. — Les juifs de Paris, pendant la Révolution, par Léon Kahn. *Paris, Ollendorff*, 1899. — Ens. 5 vol. in-8, portr., br.

327. **Lenôtre** (G.). Les quartiers de Paris pendant la Révolution, 1789-1804, dessins inédits de Demachy, Bélanger, Fragonard, Lallemand, Débucourt, L. Moreau, Schwebach, Ransonnette, Raffet, David, Prieur, etc., etc. *Paris, Bernard*, 1896, in-fol., fig. en cart.

328. **Le Roux** (Hugues). Les jeux du cirque et la vie foraine, illustrations de Jules Garnier. *Paris, Plon*, gr. in-8, fig. en noir et en couleur, br.

329. **Le Sage**. Histoire de Gil-Blas de Santillane, vignettes par Jean Gigoux. *Paris, Paulin*, 1835, gr. in-8, fig., demi-rel. chag. vert, dos et coins.

330. **Lescure** (M. de). Correspondance secrète inédite sur Louis XVI. Marie-Antoinette, la cour et la ville, de 1777 à 1792. *Paris, Plon*, 1866, 2 vol. in-8, br.

331. **L'Estoile**. Journal de Henri III, ou mémoires pour servir à l'histoire de France, par P. de l'Estoile, nouvelle édition, accompagnée de remarques historiques, et des pièces manuscrites les plus curieuses de ce règne ; le tout publié sous la direction de Lenglet du Fresnoy. *La Haye*, 1744, 5 vol. — Journal du règne de Henri IV, roi de France et de Navarre (par le même), avec des remarques historiques et politiques, par C. B. A. (Lenglet du Fresnoy). *La Haye*, 1741, 4 vol. — Ensemble 9 vol. pet. in-8, portr., veau fauve, fil., dos ornés, tr. marb.

332. **Lettow-Dorbeck** (Oscar von). Der Krieg von 1806 und 1807. *Berlin*, *Mittler*, 1891, 4 vol. in-8, cart., br.

333. **Lettow-Dorbeck** (Oscar von). Geschichte des Krieges von 1866 in Deutschland. *Berlin*, 1899 (tome 2). — Kœnig. Die entscheiden den Tage von Orleans im herbst, 1870, 2 vol. — Ens. 3 vol. in-8, cart., br.

334. **Ligne** (Le prince de). Mémoires et mélanges historiques et littéraires. *Paris*, *Dupont*, 1827, 5 vol. in-8, portr., demi-rel. veau rouge.

335. **Livre et l'image** (Le), revue documentaire illustrée. *Paris*, *Rondeau*. De l'origine, 10 mars 1893, au 10 juin 1894, 3 vol. en 16 livraisons, nomb. fig.

336. **Longus**. Daphnis et Chloé, et les pastorales de Longus, traduits du grec par J. Amyot. *Paris*, *Leclère*, 1863, in-8, fig., mar. citron, fil., dos orné, dent. intér., tr. dor. (*David*).

Exemplaire en grand papier, auquel on a ajouté les tirages à part des vignettes de l'édition en triple état, et une suite de figures de Prudhon et Gérard, aussi en triple état.

337. **Lonlay** (Dick de). Notre armée, histoire populaire et anecdotique de l'infanterie française, depuis les Gaulois jusqu'à nos jours. *Paris*, *Garnier*, 1890, gr. in-8, fig. en couleur, cart. toile, fers spéciaux, tr. dor.

338. **Lorrain** (Jean). Ma petite ville, le miracle de Bretagne, un veuvage d'amour, illustrations à l'aquarelle de Manuel Orazi, gravées à l'eau-forte par Frédéric Massé, et imprimées sur couleur. *Paris*, *H. May*, 1898, in-8, fig., br.

339. **Louys** (Pierre). La femme et le pantin, roman espagnol, orné d'une reproduction en héliogravure du Pantin de Goya. *Paris*, 1898, in-8, fig., br.

340. **Lubomirski** (Le prince). Histoire contemporaine, transformation politique et sociale de l'Europe. *Paris*, *Lévy*, 1889-1896, 6 vol. in-8, br.

341. **Luckwaldt** (F.). Oesterreich und die anfänge des befreiungskrieges von 1813. *Berlin*, 1898. — Geschichte der Schweizertruppen in französischen diensten, vom Rückzug aus Russland bis zum zweiten Pariser frieden 1813-1815. *Biel*, 1894. — Zur geschichte des Feldzuges von 1812. *Berlin*, 1843. — Ens. 3 vol. in-8, portr., br.

342. **Mac-Carthy** (Justin-H.). The French Révolution. *London, Chatto and Windus*, 1897, 2 vol. in-8, cart. toile, non rognés.

Tomes 3 et 4.

343. **Macé** (G.). Le service de la sûreté. — Mon premier crime. — Un joli monde. — Gibier de Saint-Lazare. — Mes lundis en prison. — Mon musée criminel. — Lazarette. — Crimes impunis. — Ens. 8 vol. in-12, br.

344. **Mahan** (A. T.). The life of Nelson, the embodiment of the sea power of Great Britain. *London, Sampson Low*, 1897, 2 vol. — Remdolph. (Herbert). Life of géneral sir Robert Wilson. *London, Murray*, 1862, 2 vol. — Ens. 4 vol. in-8, portr., cart. toile, non rognés.

345. **Maîtres de l'affiche** (Les), publication mensuelle, contenant la reproduction des plus belles affiches illustrées des grands artistes français et étrangers. *Paris, Chaix*, 1896-1898, 3 vol. in-fol., fig. en couleur, cart., fers spéciaux, têtes dor., non rognés.

346. **Maillard** (Léon). Études sur quelques artistes originaux, Henri Boutet, graveur et pastelliste. *Paris, Floury*, 1894, 2 vol. gr. in-8, fig., br.

347. **Maillard** (Léon). L'œuvre d'Auguste Boulard. *Paris, Floury*, 1896, gr. in-8, fig., br.

348. **Maillard** (Léon). Études sur quelques artistes originaux, Auguste Rodin, statuaire. *Paris, Floury*, 1899, gr. in-8, fig., br.

349. **Maistre** (Xavier de). Les prisonniers du Caucase, neuf compositions de Julien Le Blant, gravées à l'eau-forte par Louis Muller, préface par Léo Claretie. *Paris, A. Ferroud*, 1897, in-8, fig., br.

350. **Malo** (Charles). Champs de bataille de France, descriptions et récits. *Paris, Hachette*, 1899, gr. in-8, fig. en noir et en couleur, demi-rel., dos et coins, fers spéciaux, tête dor., non rogné.

351. **Mandell Creighton** (The right, rev.). Queen Elisabeth. *London, Boussod*, in-4, fig., br.

352. **Marais** (Mathieu). Journal et mémoires sur la régence et le règne de Louis XV, publiés par M. de Lescure. *Paris, Didot*, 1863, 4 vol. in-8, br.

353. **Marbot** (Général, baron de). Mémoires. *Paris, Plon*, 1891, 3 vol. in-8, portr., br.
Édition originale.

354. **Marco de Saint-Hilaire** (Émile). Histoire anecdotique, politique et militaire de la garde impériale. *Paris, Penaud*, 1847, gr. in-8, fig. et costumes militaires coloriés, cart. toile, non rogné.

355. **Margeret** (Le capitaine). Estat de l'empire de Russie et du grand-duché de Moscovie, avec ce qui s'y est passé de plus mémorable et tragique, pendant le règne de quatre empereurs, a scavoir depuis l'an 1510 jusqu'en l'an 1606 en septembre. *Paris, Jacques Langlois*, 1669, in-12, vélin blanc.

356. **Martin** (Henri). La Russie et l'Europe, *Paris*, 1866. — Étude sur la question de l'abolition du servage en Russie. *Paris*, 1850. — Le socialisme en Russie, étude contemporaine. *Paris*, 1860. — Des forces productives, destructives, et improductives de la Russie, par Aug. Jourdier. *Paris*, 1864. — Germain de Lagny. Le knout et les Russes. *Paris*, 1853. — Ens. 5 vol. in-8, br. et demi-rel.

357. **Masson** (Frédéric). 1792-1809. Aventures de guerre, souvenirs et récits de soldats, illustrés par E. de Myrbach. *Paris, Boussod*, in-4, fig. en couleur, demi-rel. chag. rouge, dos et coins, tête dor., non rogné.

358. **Masson** (Frédéric). Cavaliers de Napoléon, illustrations d'après les tableaux et aquarelles d'Édouard Detaille. *Paris, Boussod*, in-4, fig., br.

359. **Masson** (Frédéric). Joséphine, impératrice et reine. *Paris, Boussod*, 1899, in-4, fig., br.

360. **Masson** (Frédéric). Napoléon et sa famille. *Paris, Ollendorf*, 1897, 2 vol. — Napoléon chez lui. *Paris, Dentu*. — — Napoléon inconnu, papiers inédits, 1786-1793. *Paris, Ollendorf*, 1895, 2 vol. — Joséphine de Beauharnais, 1763-1796. *Paris, Ollendorff*, 1899. — Ens. 6 vol. in-8, br.

361. **Maulde la Clavière** (R. de). Les femmes de la Renaissance. *Paris, Perrin*, 1898, in-8, br.

362. **Meissonier**. Exposition Meissonier, galeries Georges Petit. *Paris*, 1893, in-4, portr. et fig., demi-rel. mar. rouge, dos et coins, tête dor., non rogné.

Exemplaire sur papier impérial du Japon.

363. **Meissonier**. Catalogue des tableaux, études peintes, aquarelles et dessins composant l'atelier Meissonier. *Paris, G. Petit*, in-4, fig., demi-rel. mar. rouge, dos et coins, tête dor., non rogné.

364. **Mémoires** de Canler. *Paris, Roy*, 1882, 2 vol. — Les Mémoires de M. Goron. *Paris Flammarion*, 4 vol. — Yves Guyot. La prostitution. — La traite des vierges à Londres. — La police. — Ens. 9 vol. in-12, br.

365. **Mémoires** de Constant, sur la vie privée de Napoléon. *Paris, Garnier*, 4 vol. — Mémoires du comte Miot de Melito, 1788-1815. *Paris, Lévy*, 1880, 3 vol. — Mémoires de Mlle Avrillon, sur la vie privée de Joséphine. *Paris, Garnier*, 2 vol. — Napoléon Bonaparte. Œuvres littéraires. *Paris, Savine*, 1888, 4 vol. — Mémoires de Bourrienne sur Napoléon. *Paris, Savine*, 3 vol. — Ens. 16 vol. in-12, br.

366. **Mémoires** de Frédérique Sophie Wilhelmine, margrave de Bareith, sœur de Frédéric le Grand. *Leipzig, Barsdorf*, 1889, 2 tomes en 1 vol. in-8, portr., cart. toile.

367. **Mémoires** (Les) de Henry de La Tour d'Auvergne, souverain duc de Bouillon, adressez à son fils, le prince de Sedan. *Paris, R. Guignard*, 1666, in-12, vél.

368. **Mémoires** de la régence de S. A. R. Mgr le duc d'Orléans, durant la minorité de Louis XV (par le chevalier de Piossens). *Amsterdam, Z. Chatelain*, 1729, 3 vol. in-12, portr., vél. bl., tr. rouges.

369. **Mémoires** de Malouet. *Paris, Plon*, 1871, 2 vol. — Mémoires du comte Beugnot. *Paris, Dentu*, 1889. — Correspondance intime du comte de Vaudreuil et du comte d'Artois. *Paris, Plon*, 1889, 2 vol. — Ens. 5 vol. in-8, portr., br.

370. **Mémoires** du général baron Desvernois, 1789-1815. *Paris, Plon*, 1898. — Mémoires du général comte de Saint-Chamans, 1802-1832. *Paris, Plon*, 1896. — Journal du général Fantin des Odoards, 1800-1830. *Paris, Plon*, 1895. — Murat, lieutenant de l'empereur en Espagne, 1808. *Paris, Plon*, 1897. — Général Thoumas. Le maréchal Lannes. *Paris, Lévy*, 1891. — Ens. 5 vol. in-8, portr., br.

371. **Mémoires** du général J.-B. Freytag. *Paris*, 1823, 2 vol. — Histoire de l'expédition de Russiè, par le marquis de Chambray. *Paris*, 1830, 3 vol. et cartes. — Souvenirs de Pologne et de la campagne de Russie. *Paris*, 1833. — Lettres sur la guerre de Russie, en 1812, par le vicomte De Puibusque. *Paris*, 1816. — Campagne de Moscou, en 1812, par Durdent. *Paris*, 1814. — 8 vol. in-8, demi-rel. et br.

372. **Mémoires** du général Rapp, 1772-1821. *Paris, Garnier*. — Lacroix. Les maréchaux de Napoléon. *Paris, Garnier*. — Journal de marche du grenadier Pils, 1804-1814. *Paris, Ollendorff*, 1895. — Mémoires du général Bigarré, 1775-1813. *Paris*. — Baron Ernouf. Maret, duc de Bassano. *Paris, Charpentier*, 1878. — G. Bertin. La campagne de 1812. *Paris*. — Ens. 6 vol. in-8, br.

373. **Mémoires** d'un ministre du trésor public, 1780-1815 (par le comte Mollien). *Paris, Fournier*, 1845, 4 vol. in-8, demi-rel. chag. noir.

374. **Mémoires** du prince Adam Czartoryski et sa correspondance avec l'empereur Nicolas I. *Paris, Plon*, 1887, 2 vol. — Alexandre Ier et le prince Czartoryski, correspondance particulière et conversations. *Paris, Lévy*, 1876. — Étude sur l'histoire diplomatique de l'Europe, par le comte de Barral. *Paris, Plon*, 1885, 2 vol. — Ens. 5 vol. in-8, br.

375. **Mémoires** du sieur de Pontis, officier des armées du roy. *Paris, G. Desprez*, 1676, 2 vol. in-12, demi-rel.

376. **Mémoires**. — Kaiser Friedrich, in neuer Quellen mäkiger darstellung. *Berlin*, 1899, tome Ier. — Die memoiren der baronesse Cécile de Courtot, dame d'atour der furstin von Lamballe, prinzess von Savoyen-Carignan. *Leipzig*, 1898. — Wilhelm von Doering. Koniglich preuszischer general-

major. *Berlin*, 1898. —Leben und denkwurdigkeiten Johann Mathias, reichsgrafen von der Schulenburg. *Leipzig*, 1834, 2 vol. — Die memoiren von grafen Ernst von Munnich, *Stuttgart*, 1896. — Ens. 6 vol. in-8, portr., br.

377. **Mémoires**. Mémoires du colonel de Pontbriand sur les guerres de la chouannerie. *Paris*, *Plon*, 1897. — Mes souvenirs, par Jacob-Nicolas Moreau, 1717-1774. *Paris, Plon*, 1898. — Mémoires et notes de Choudieu, représentant du peuple, 1761-1838. *Paris*, *Plon*, 1897. — La Baumelle et Saint-Cyr, par Achille Taphanel. *Paris*, *Plon*, 1898. — Edmond Biré. Causeries historiques, les historiens de la Révolution et de l'empire. *Paris*, *Blound*. — Ens. 5 vol in-8, br.

378. **Mémoires** militaires du baron Seruzier 1769-1823. *Paris*, *Baudoin*, — Souvenirs de la vie militaire du lieutenant général baron L.-J. Lahure. *Paris*, *Lahure*, 1895. — Le général Vandamme et sa correspondance, par A. Du Casse. *Paris*, *Didier*, 1870, 2 vol.— Ens. 4 vol. in-8, portr., br.

379. **Mémoires** secrets de Bachaumont, de 1762 à 1787, nouvelle édition, revue et mise en ordre par M. Ravenel. *Paris*, *Sautelet*, 1830, 4 vol. in-8, demi-rel. vélin blanc, dos et coins, non rognés.

380. **Mémoires** secrets et inédits pour servir à l'histoire contemporaine, par Alph. de Beauchamps. *Paris*, *Vernarel*, 1825, 2 vol. — Manuscrit de 1812, par le baron Fain. *Paris*, *Delaunay*, 1827, 2 vol. (*tachés*). — Le Moniteur secret, tableau de la cour de Napoléon, par T. L. (Couchery). *Paris*, 1814, 2 vol. — Trois nuits de Napoléon, par G. Drouineau. *Paris*, 1826. — Ens. 7 vol. in-8, demi-rel.

381. **Mémoires**, souvenirs et anecdotes, par le comte de Ségur. *Paris*, *Eymery*, 1827, 3 vol. — Histoire de Napoléon et de la grande armée pendant l'année 1812, par le général comte de Ségur. *Paris*, *Baudouin*, 1825, 2 vol. — Examen critique de l'ouvrage du comte de Ségur, par le général Gourgaud. *Paris*, *Bossange*, 1825. — Ens. 6 vol. in-8, reliés.

382. **Méneval** (Baron de). Mémoires pour servir à l'histoire de Napoléon Ier, depuis 1802 jusqu'à 1815. *Paris*, *Dentu*, 1894, 3 vol. — Mémoires militaires du général baron Boulard.

Paris. — Mémoires militaires du général baron Dellard. *Paris.* — Ens. 5 vol. in-8, portr., br.

383. **Menzel** (Adolph), illustrationen zu den werken Friedrichs des Grossen. in holz geschnitten von O. Vogel. A. Vogel, Fr. Unzelmann und H. Muller ; 200 blatter mit text von L. Pietsch. *Berlin, R. Wagner*, 1886, 2 vol. in-4, fig., cart. toile, fers spéciaux.

384. **Menzels** (Adolph). Das werke, eine festgabe zum achtzigsten geburtstage des Künstlers mit beschreibendem text von Max Jordan. *Munchen, Fried. Bruckmann*, 1895, in-fol., fig., cart. toile.

385. **Mérard de Saint-Just.** Œuvres de la marquise de Palmarèze. *Partout et par tous les temps*, 3 vol. in-18, demi-rel. veau fauve, dos et coins, non rognés.

386. **Mérimée** (Prosper). Chronique du temps de Charles IX, édition ornée de cent dix compositions par Édouard Toudouze. *Paris, L. Testard*, 1889, gr. in-8, fig. et eaux-fortes, br.

387. **Michel** (Émile). Rembrandt, sa vie, son œuvre et son temps, ouvrage contenant 343 reproductions directes, d'après les œuvres du maître. *Paris, Hachette*, 1893, gr. in-8, fig., demi-rel. mar. rouge, dos et coins, tête dor., non rogné.

388. **Millaud** (Albert). La comédie du jour sous la République athénienne, illustrations par Caran et Ache. *Paris, Plon*, gr. in-8, fig., br.

389. **Milton.** Le Paradis perdu, poème, édition en anglais et en français, ornée de douze estampes imprimées en couleur, d'après les tableaux de M. Schall. *Paris, Defer de Maisonneuve*, 1792, 2 vol. in-4, fig., veau marb., tr. dor.

390. **Missionnaire** (Un) républicain en Russie (par Rohr). *Paris*, 1852, 3 vol. — L. Thouvenel. Nicolas Ier et Napoléon III, les préliminaires de la guerre de Crimée. 1852-1854. *Paris*, 1891. — Ens. 4 vol. in-8, br.

391. **Moderne** kunst in meister-holzschnitten nach gemalden und sculpturen berühmter meister der gegenwart. *Berlin, Rich. Bong*, 12 vol. in-4, fig. en noir et en couleur, cart. toile, fers spéciaux, tr. dor.

392. **Molière.** Œuvres (publiées par Ant. Joly, avec la vie de Molière, par La Serre). *Paris*, *Prault*, 1734, 6 vol. in-4, fig. de Boucher, veau marbré, fil., tr. dor.

393. **Molière.** Œuvres complètes, revues sur les textes originaux, par Adolphe Régnier, *Paris*, *imprimerie Nationale*, 1878, 5 vol. in-4, br.

394. **Molière**, illustrations de Jacques Leman. *Paris*, *Lemonnyer*, 1882, 3 vol. in-4, demi-rel. mar. brun, dos et coins, têtes dor., non rognés.

Tirages à part de toutes les illustrations, sur papier de Hollande ou sur papier du Japon, pour les 11 premières pièces.

395. **Monselet** (Charles). Les créanciers, œuvre de vengeance, avec une cruelle eau-forte de Émile Benassit. *Paris*, *Pincebourde*, 1870, in-8, mar. vert, doubles fil., coins et dos ornés, dent. inter., mors. de mar., tête dor., non rogné. (*Couvertures conservées.*)

396. **Monselet** (André). Charles Monselet, sa vie, son œuvre; préface par Jules Claretie. *Paris*, *Testard*, 1892, in-8, fig., br.

397. **Montaudon** (Général). Souvenirs militaires. *Paris*, *Delagrave*, 1898. — Souvenirs du général comte Fleury. *Paris*, *Plon*, 1897, 2 vol. — Campagnes de Crimée, d'Italie, d'Afrique, de Chine et de Syrie, 1849-1862 ; lettres adressées au maréchal Castellane. *Paris*, *Plon*, 1898. — Le maréchal Canrobert, par Germain Bapst. *Paris*, *Plon*, 1898 (tome 1er). — Ens. 5 vol. in-8, portr., br.

398. **Montesquieu.** Le temple de Gnide, nouvelle édition, avec figures gravées par N. Le Mire, d'après les dessins d'Eisen. *Paris*, *chez Lemire*, 1772, in-8, fig., mar. orange, dent., dos orné, dent. intér., tr. dor. (*Rel. anglaise.*)

399. **Montesquieu** (Le baron Albert de). Voyages de Montesquieu. *Bordeaux*, *Gonnouilhou*, 1894, 2 vol. in-8, br.

400. **MONTORGEUIL (GEORGES). PARIS DANSANT** illustrations de A. Willette, gravées en taille-douce et en couleurs, par Vigna-Vigneron. *Paris*, *Th. Belin*, 1898, gr. in-8, fig., br.

Tirage à 200 exemplaires, figures en double état, en noir et en couleur.

401. **MORIN (LOUIS). LES COUSETTES,** physiologie des couturières de Paris ; vingt et une compositions dessinées et gravées à la pointe sèche, par Henry Somm. *Paris, Conquet*, 1895, in-8, fig., br.

Tirage unique à 100 exemplaires sur papier du Japon.

402. **MORIN, (LOUIS). LES DIMANCHES PARISIENS,** notes d'un décadent, quarante et une eaux-fortes originales de A. Lepère. *Paris, Conquet*, 1898, gr. in-8, fig., br.

403. **Mortimer-Ternaux.** Histoire de la terreur, 1792-1794, d'après des documents authentiques et inédits. *Paris, Lévy*, 1868, 8 vol. in-8. demi-rel. chagr. rouge, têtes dor., non rognés.

404. **Motteville** (Mme de). Mémoires sur Anne d'Autriche et sa cour. *Paris, Charpentier*, 1855, 4 vol. in-12, demi-cart. toile, non rognés.

405. **Muller** (Eug.). Curiosités historiques et littéraires. *Paris, Delagrave*, 1897, in-8, fig., br.

406. **Muntz** (Eugène). Léonard de Vinci, l'artiste, le penseur, le savant, ouvrage contenant 238 reproductions dans le texte, 20 planches en taille-douce et 28 planches en couleur ou en noir, d'après les œuvres du maître. *Paris, Hachette*, 1899, gr. in-8, fig., demi-rel. chag. rouge, dos et coins, tête dor., non rogné.

407. **Musset** (Alfred de). Œuvres, ornées des dessins de M. Bida, gravées en taille-douce. *Paris, Charpentier*, gr. in-8, fig., demi-rel. mar. brun, tête dor., non rogné.

408. **Musset** (Alfred de). La confession d'un enfant du siècle, avec dix compositions de P. Jazet, gravées à l'eau-forte par E. Abot. *Paris, Quantin*, 1891, gr. in-8, fig., demi-rel. veau fauve, dos et coins, tête dor., non rogné. (*Couverture conservée.*)

409. **Musset** (Alfred de). La Mouche, illustrée de trente compositions, par Ad. Lalauze. *Paris, Ferroud*, 1892, in-8, fig., br.

410. **Musset** (Paul de). Le dernier abbé, illustré de dix-neuf

compositions par Ad. Lalauze, préface par Anatole France. *Paris*, *A. Ferroud*, 1891, in-8, fig., br.

411. **Napoléon** als Feldherr, von Graf Dorck. v. Wartenburg. *Berlin*, 1887. — Napoléon Ier, eine biographie von August. Fournier. *Leipzig*, 1889. — Das schwarze buch des Franzossischen Kaiserhoses. *Dublin*, 1814. — Ens 3 vol. in-8 et in-12, rel.

412. **Napoléon Ier** et le roi Louis, par Félix Rocquain. *Paris*, *Didot*, 1875. — Alexandre Ier et Napoléon, par Serge Tatistcheff. *Paris*, *Perrin*, 1891. — Le déclin et la chute de Napoléon, par le vicomte Wolseley. *Paris*, *Ollendorff*, 1894. — Napoléon Ier, par le Dr A. Fournier, traduit par E. Jaeglé. *Paris*, *Bouillon*, 1891, 2 vol. — Ens. 5 vol. in-8, br.

413. **Napoléon**. La république, le consulat, l'empire, Sainte-Hélène. *Paris*, *Hachette*. — Les peintres militaires, Charlet et Raffet, par Armand Dayot. *Paris*, *Quantin*. — Ens. 2 vol. in-4, dont 1 oblong, fig., cart.

414. **Napoléon Ier**. Lettres inédites, publiées par L. de Brotonne. *Paris*, *Champion*, 1898. — Le roman du prince Eugène, par A. Pulitzer. *Paris*, *Didot*. — Lettres, ordres et décrets de Napoléon Ier en 1812-13-14. *Paris*. — Les Rois frères de Napoléon Ier, par le baron Du Casse. *Paris*, 1883. — Napoléon et la société de son temps, 1793-1824, par P. Bondois. *Paris*, *Alcan*, 1895. — Ens. 5 vol. in-8, portr., br.

415. **Napoléon Ier**, sa vie, son œuvre. *Paris*, *Delagrave*, 1897. — A. Chuquet. La jeunesse de Napoléon. *Paris*, *A. Colin*, 1897, 2 vol. — H. Welschinger. Le roi de Rome, 1811-1832. *Paris*, *Plon*, 1898. — Ens. 4 vol. in-8, portr., br.

416. **Nodier** (Charles). Le dernier chapitre de mon roman, préface de Maurice Tourneux, nouvelle édition, illustrée de trente-trois compositions (en couleur) de Louis Morin. *Paris*, *Conquet*, 1895, in-8, en carton.

417. **Nodier** (Charles). Inès de Las Sierras, compositions dessinées et gravées à l'eau-forte, en couleur, par Paul Avril ; préface de A. de Claye. *Paris A Ferroud*, 1897, gr. in-8, fig., br.

418. **Nogaret** (F.). L'aristénète français, édition illustrée de cinquante compositions de Durand, gravées à l'eau-forte par E. Champollion. *Paris*, *Conquet*, 2 vol. in-18, fig., br.

419. **NOIRMONT (D. DE) ET ALFRED MARBOT.** Costumes militaires français, depuis l'organisation des premières troupes régulières, en 1439, jusqu'en 1789. *Paris*, *Clément*, 3 vol. in-fol., fig., demi-rel. chag. rouge.

450 planches coloriées.

420. **Nolhac** (Pierre de). La dauphine Marie-Antoinette. *Paris*, *Boussod*, in-4, fig., demi-rel. mar. bleu, dos orné, coins, tête dor., non rogné.

421. **Nolhac** (Pierre de). Marie-Antoinette, the queen. *Paris*, *Boussod*, in-4, fig., br.

422. **Nordau** (Max). Dégénérescence. *Paris*, *Alcan*, 1894, 2 vol. — L'année sociologique, publiée par E. Durkheim. *Paris*, *Alcan*, 1898. — La sociologie, par Auguste Comte. *Paris*, *Alcan*, 1897. — Les mensonges conventionnels de notre civilisation, par Max. Nordau. *Paris*, *Alcan*, 1897. — Les sélections sociales, par Vacher de Lapouge. *Paris*, *Thorin*, 1896. — Ens. 6 vol. in-8, br.

423. **Norvins** (M. de). Histoire de Napoléon. *Paris*, *Thoisnier Desplaces*, 1829, 4 vol. in-8, portr. et fig., de Couché, demi-rel. veau fauve, dos et coins.

424. **Odilon Barrot**. Mémoires posthumes. *Paris*, *Charpentier*, 1875, 4 vol. in-8, br.

425. **Oettingen** (W. von). Von Berlin nach Danzig eine Kunstlerfahrt im Jahre 1773, von Daniel Chodowiecki. *Berlin*, *Amsler*, in-8, oblong, fig., cart. toile.

426. **Oettinger** (Édouard-Marie). Bibliographie biographique universelle, dictionnaire des ouvrage relatifs à l'histoire de la vie publique et privée des personnages célèbres de tous les temps et de toutes les nations. *Bruxelles*, 1854, 2 vol. gr. in-8, demi-rel. chag. vert, non rognés.

427. **Old Nick et Grandville**. Petites misères de la vie humaine.

Paris, *Fournier*, 1843, in-8, fig., demi-rel. chag. vert, dos et coins, non rogné.

Exemplaire de premier tirage.

428. **Ompteda** (L. F. von). Ein Hannoversch-Englischer offizier vor hundert Jahren; Christian Friedrich Wilhem Freiherr von Ompteda. *Leipzig*, 1892. — Irrfahrten und abenteuer eines mittelstaatlichen diplomaten; ein lebens und Kulturbild aus den zeiten um, 1800. *Leipzig*, 1894. — Zur Deutschen geschichte im den Jahrzehnt vor den befreiungskriegen. *Hannover*, *Helwing*, 1866, 4 vol. — Ens. 6 vol. in-8, port., br.

429. **Oncken** (Wilhelm). Oesterreich und Preussen im befreiungskriege. *Berlin*, *Grote*, 1876, 2 vol. in-8, demi-rel. toile.

430. **Oncken** (Wilhelm). Geschichte des Zeitalters der Entdeckungen, von Sophus Ruge, mit illustrationen und Karten. *Berlin*, *Grote*, 1881, in 8, fig., demi-rel. chag. brun, dos et coins.

431. **Oncken** (Wilhelm). Westeuropa im zeitalter von Philipp II, Élisabeth und Heinrich IV, von Martin Philippson, mit porträts, illustrationen und Karten. *Berlin*, *Grote*, 1882, in-8, fig., demi-rel. chag. brun, dos et coins.

432. **Oncken** (Wilhelm). Das Zeitalter der restauration und révolution 1815-1851, von Theodor Flathe, mit porträts illustrationen, beilagen und Karten. *Berlin*, *Grote*, 1883, in-8, fig., demi-rel. chag. brun, dos et coins.

433. **Oncken** (Wilhelm). Geschichte von Hellas und Rom, von G. F. Hertzberg, mit illustrationen und karten. *Berlin*, *Grote*, 1883, 2 vol. in-8, fig., demi-rel. chag. brun, dos et coins.

434. **Oncken** (Wilhelm). Katharina die Zweite, von Alexander Bruckner, mit porträts und illustrationen. *Berlin*, *Grote*, 1883, in-8, fig., demi-rel. chag. brun, dos et coins.

435. **Oncken** (Wilhelm). Das zeitalter der revolution des Kaiserreiches und der bes reiungskriege. *Berlin*, *Grote*, 1884, 2 vol. in-8, fig., demi-rel. chag. brun, dos et coins.

436. **Oncken** (Wilhelm). Oesterreich unter Maria Theresia, Josef II und Leopold II, 1740-1792, von Adam Wolf, mit illustrationen und porträts. *Berlin*, *Grote*, 1884, in-8, fig., demi-rel. chag. brun, dos et coins.

437. **Oncken** (Wilhelm). Bundesstaat und bundeskrieg in Nord amerika, mit einem abrisz der colonialgeschichte als einleitung von Ernst Otto Hopp, mit illustrationen und karten. *Berlin*, *Grote*, 1885, in-8, fig., demi-rel. chag. brun, dos et coins.

438. **Oncken** (Wilhelm). Russland, Polen und Livland bis ins Jahrhundert, von Ch. Schiemann, mit illustrationen und karten. *Berlin*, *Grote*, 1886, 2 vol. in-8, fig., demi-rel. chag. brun, dos et coins.

439. **Oncken** (Wilhelm). Peter der Grosze, von Alexander Bruckner mit porträts. *Berlin*, *Grote*, 1888, in-8, fig., rel. chag. brun, dos et coins.

440. **Oncken** (Wilhelm). Geschichte des volkes Israel, von Bernhard. Stade, mit illustrationen und karten. *Berlin*, *Grote*, 1889, 2 vol. in-8, demi-rel. chag. brun, dos et coins.

441. **Oncken** (Wilhelm). Der Islam im Morgen und Abenland, von A. Muller, mit abbildungen und karten. *Berlin*, *Grote*, 1889, 2 vol. in-8, fig., demi-rel. chag. brun, dos et coins.

442. **Oncken** (Wilhelm). Geschichte des zweiter Kaiserreiches und des königreiches italien, von Const. Bulle. *Berlin*, *Grote*, 1890, in-8, fig., demi-rel. chag. brun, dos et coins.

443. **Oncken** (Wilhelm). Das zeitalter Ludwigs des Vierzehnten, von Martin Philippson, mit illustrationen und porträts. *Berlin*, *Grote*, 1890, in-8, fig., demi-rel. chag. brun, dos et coins.

444. **Oncken** (Wilhelm). Das zeitalter des Kaisers Wilhelm, mit porträts, illustrationen und beilagen. *Berlin*, *Grote*, 1890, 2 vol. in-8, fig., demi-rel. chag. brun, dos et coins.

445. **Oncken** (Wilhem). Geschichte der deutschen reformation, von Friedrich von Bezold, mit porträts, illustrationen und beilagen. *Berlin*, *Grote*, 1890, in-8, fig., demi-rel. chag. brun, dos et coins.

446. **Oncken** (Wilhelm). Geschichte der orientalischen angelegenheit im zeitraume der Pariser und des Berliner friedens, von Felix Bamberg, mit porträts, illustrationen und karten. *Berlin*, *Grote*, 1892, in-8, fig., demi-rel. chag. brun, dos et coins.

447. **Oncken** (Wilhelm). Deutsche geschichte vom Westfalischen frieden bis, zum regierungsantritt Friedrich's des Groszen 1648-1740, von Bernhard Erdmannsdorffer, mit porträts, illustrationen und karten. *Berlin*, *Grote*, 1892, 2 vol. in-8, fig., demi-rel. mar. brun, dos et coins.

448. **Oncken** (Wilhelm). Geschichte des dreikigjahrigen Krieges, von Georg. Winter, mit porträts, illustrationen und karten. *Berlin*, *Grote*, 1893, in-8, fig., demi-rel. chag. brun, dos et coins.

449. **Oncken** (Wilhelm). Das zeitalter Friedrichs des Grossen, mit porträts, illustrationen und karten. *Berlin*, *Grote*, 1895, 2 vol. in-8, fig., demi-rel. chag. brun, dos et coins.

450. **Oncken** (Wilhelm). Russland, Polen und Livland bis ins 17 Jahrhundert, von Dr Ch. Schiemann, mit illustrationen und karten. *Berlin*, *Grote*, 2 vol. in-8, br.

451. **Oncken** (Wilhelm). Unser Heldenkaiser festschrist zum hundertjahrigen geburtstage Kaiser Wilhelms der Grossen. *Berlin*, *Schall*, in-4, fig., cart. toile, fers spéciaux.

452. **Orléans** (Duc d'). Recueil de sept lithographies, in-fol. oblong, cart.

453. **Orloff** (Le comte). Voyage dans une partie de la France, ou lettres descriptives et historiques. *Paris*, *Bossange*, 1824, 3 vol. in-8, demi-rel. veau vert.

454. **OVIDE. LES MÉTAMORPHOSES**, gravées sur les desseins des meilleurs peintres français, par les soins des sieurs Le Mire et Basan. *Paris*, *Le Mire et Basan*, 1767, in-4, demi-rel. chag. violet.

Premières épreuves des 141 figures dessinées par *Eisen*, *Monnet*, *Moreau*, *Boucher*, *Gravelot*, *Choffard*, etc.

455. **Pajol**, général en chef, par le général de division comte Pajol, son fils. *Paris*, *Didot*, 1874, 3 vol. in-8, portr., br.

456. **Palmerston** (Lord), sa correspondance intime, pour servir à l'histoire diplomatique de l'Europe, de 1830 à 1866. *Paris*, *Didier*, 1878, 2 vol. — Trois années de la question d'Orient, 1856-1859, par L. Thouvenel. *Paris*, *Lévy*, 1897. — Pensées et souvenirs, par le prince de Bismark. *Paris*, 1899, 2 vol. — Les mémoires de Bismarck, recueillis par Maurice Busch. *Paris*, *Fasquelle*, 1898, 2 vol. — Ens. 7 vol. in-8, portr., br.

457. **Paris**. Dernier tableau de Paris, où récit historique de la révolution du 10 août, par J. Peltier. *Londres*, 1794, 2 vol. — Paris à table, par Eugène Briffault, illustré par Bertall. *Paris*, *Hetzel*, 1846. — Paris-Guide, par les principaux écrivains et artistes de la France. *Paris*, 1867, 2 vol. — E. de Ménorval. Paris, depuis ses origines jusqu'à nos jours. *Paris*, *Didot*, 1889, 3 vol. — Ens. 8 vol. in-8 et in-12, cart. et br.

Paris à table est cartonné, non rogné

458. **Paris** et ses ruines en mai 1871. *Paris*, *Charpentier*, 1874. — Draner. Souvenirs du siège de Paris, 32 pl. — Paris assiégé, 32 pl. — Cham. Les folies de la commune, 20 pl. — Enquête parlementaire sur l'insurrection du 18 mars 1871. — Ens. 3 vol. in-fol. et in-4, fig., demi-rel. et cart.

459. **Paris** (Gaston). Aventures merveilleuses de Huon de Bordeaux, pair de France, et de la belle Esclarmonde, ainsi que du petit roi de féerie Auberon. *Paris*, *Didot*, in-4, fig. en couleur, cart. toile, fers spéciaux, tr. dor.

460. **Parmentier** (A.). Album historique, du IVe au XVe siècle, 2.000 gravures, *Paris*, *A. Colin*, 1896, 2 vol. in-4, fig., br.

461. **Parquin.** Récits de guerre. Souvenirs du capitaine Parquin, 1803-1814, dessins par F. de Myrbach, H. Dupray, Walker, L. Sergent, Marius Roy; introduction par Frédéric Masson. *Paris*, *Boussod*, 1892, in-4, fig. en noir et en couleur, cart. toile, fers spéciaux, tête dor., non rogné.

462. **Pasquier** (Le chancelier). Histoire de mon temps. Mémoires publiés par le duc d'Audiffret-Pasquier. *Paris*, *Plon*, 1893, 6 vol. in-8, portr., br.

463. **Pastor** (Louis). Histoire des Papes, depuis la fin du moyen âge. *Paris*, *Plon*, 1892, 4 vol. (tomes 3 à 6). — Armand Baschet. Les archives de Venise, histoire de la chancellerie secrète. *Paris*, *Plon*, 1870. — Ens. 5 vol. in-8, br.

464. **Pastoret**. Mémoires sur la Russie, documents historiques sur la campagne de Russie ; 174 pages gr. in-8, demi-rel. chag. rouge.

Curieux mémoires manuscrits, commencés par M. de Pastoret comme gouverneur de Witepsk, racontant la perte de la ville, conversation avec l'Empereur, retraite de Russie, etc.

465. **Pecht** (Friedrich). Die kunst fur Alle. *Munchen*, *F. Bruckmann*, 1886-1897, 12 vol. in-4, fig., cart. toile, fers spéciaux, tr. rouges.

466. **Peignot**. Le livre des singularités, par G. P. (Gabriel Peignot). *Dijon*, *Lagier*, 1841. — Les gazettes de Hollande et la presse clandestine aux XVIIe et XVIIIe siècles, par Eugène Hatin. *Paris*, *Pincebourde*, 1865. — Ens. 2 vol. in-8, demi-rel.

467. **Petersdorff** (Hermann von). General Johann Adolph freiherr von Thielmann ein charakterbild aus der Napoleonischen zeit. *Leipzig*, 1894. — Memoiren des koniglich preussischen general Ludwig. Freiherrn von Wolzogen. *Leipzig*, 1851. — Ens. 2 vol. in-8, br. et relié.

468. **Petit de Julleville** (L.). Histoire de la langue et de la littérature française, des origines à 1900. *Paris*, *Colin*, 1896, 6 vol. in-8, fig. en noir et en couleur, br.

469. **Petite** collection antique. *Paris*, *Quantin*, 1878-1887, 14 vol. in-18, fig. et encadrements, br.

L'Amour et Psyché. — Daphnis et Chloé. — Hero et Leandre. — Ovide. Les Amours. — Leucippe et Clitophon. — Dialogues des Courtisanes. — Virgile. Bucoliques. — Anacréon et Sapho. — Horace. Odes. — Théocrite. Idylles. — Properce. Élégies. — Lucien. L'Ane. — Jason et Médée. — Catulle. Odes.

470. **PETITE GALERIE DRAMATIQUE**, ou recueil de différents costumes d'acteurs des théâtres de Paris. *Paris*, *Martinet*, s. d., 4 vol. in-8, demi-rel. mar. rouge, non rognés.

380 planches coloriées.

471. **Petite revue** (La), de l'origine, 14 novembre 1863, au 15 août 1870, 14 vol. pet. in-8, br.

472. **Peyre** (Roger). Napoléon Ier et son temps, histoire militaire, gouvernement intérieur, lettres, sciences et arts, ouvrage illustré de 13 planches en couleur et de 431 gravures. *Paris*, *Didot*, 1888, gr. in-8, fig., demi-rel. chag. rouge, dos et coins, tête dor., non rogné.

473. **Pflugk-Harttung** (J. von). Die heere und flotten der gegenwart Deutschland Grossbritannien, Russland. *Berlin*, *Schall*, 3 vol. in-8, fig. en noir et en couleur, cart. toile, fers spéciaux.

474. **Pictures** from Punch. *London*, *Bradbury*, 1894-1896, 6 vol. in-4, fig., cart. toile, fers spéciaux, tr. dor.

475. **PICTURESQUE REPRESENTATION** (A.) of the manners, customs, and amusements of the Russians, in one hundred colored plates, with an accurate explanation of each plate in english and french. by, Atkinson *London*, *Boydell*, 1803, 3 tomes en 1 vol. in-fol., fig., cuir de Russie, dent., dos orné, tr. dor.

Portrait et 100 planches en couleur.
Le dos de la reliure est refait.

476. **Pierling** (Le P.). Rome et Démétrius, d'après des documents nouveaux. *Paris*, *Leroux*, 1878. — De Nestore rerum russicarum scriptore, Thesim L. Leger. *Lutetiæ*, 1868. — Histoire de Pierre Ier, appelé le Grand, par Ivan Golovine. *Leipzig*, 1861. — Avènement au trône de l'empereur Nicolas Ier, par le baron de Korff. *Paris*, 1857. — Histoire de l'empereur Nicolas, trente ans de règne, par Alp. Balleydier. *Paris*, *Plon*, 1857, 2 vol. — Ens. 6 vol. in-8, br.

477. **Piron** (Alexis). Œuvres complettes, publiées par M. Rigoley de Juvigny. *Paris*, 1776, 9 vol. in-12, portr. et fig., demi-rel. chag. grenat, dos et coins, têtes dor., non rognés.

Les tomes 8 et 9, d'une impression plus moderne, sont ornés de figures galantes.

478. **Plaisirs** (Les) de la ville et de la Cour, ou réfutation des anecdotes et précis de la vie de Mme la comtesse Dubarry, écrits par elle-même. *Londres*, 1778, in-12, mar. rouge, fil. à la Du Seuil, dos orné, dent. intér., tr. dor.

479. **Plume** (La). Revue littéraire et artistique, 30 numéros, br.

Série des numéros exceptionnels.

480. **Poe**. Histoires et nouvelles histoires extraordinaires, traduites par Charles Baudelaire, édition illustrée de vingt-six gravures hors texte. *Paris*, *Quantin*, 1884, 2 vol. in-8, fig., br.

481. **Polacco** (Bernardo Zaydler). Storia della Polonia, fino agli ultimi tempi. *Firenze*, 1831, 2 vol. — Scene della vita militare in Crimea, da Ar. Calani. *Napoli*, 1855. — Ens. 3 vol. in-8, fig. et costumes coloriés, demi-rel.

482. **Pons**. Souvenirs et anecdotes de l'île d'Elbe. *Paris*, *Plon*, 1897. — Baron Gourgaud. Sainte-Hélène, journal inédit, de 1815 à 1818. *Paris*, *Flammarion*. — La captivité de Sainte-Hélène, d'après les rapports du marquis de Montchenu. *Paris*, *Didot*, 1894. — Fourier et Napoléon. L'Égypte et les Cent jours, par Champollion-Figeac. *Paris*, *Didot*, 1844. — Th. Iung. Lucien Bonaparte et ses mémoires, 1775-1840. *Paris*, *Charpentier*, 1882, 3 vol. — Ens. 7 vol. in-8, portr., br.

483. **Premières illustrées** (Les), notes et croquis. *Paris*, *Monnier*, 1881-1887, 6 vol. gr. in-8, fig., cart. toile, fers spéciaux.

484. **Prévost**. (L'abbé). Histoire de Manon Lescaut et du chevalier Des Grieux, précédée d'une préface par Alexandre Dumas fils. *Paris*, *Glady*, 1875, in-8, portr. et fig. de Léop. Flameng, demi-rel. mar. citron, dos et coins, tête dor., non rogné.

Exemplaire sur papier Van Gelder.

485. **Punch** (M.). Victoria Era, an illustrated chronicle of fifty years of the reign of Her Majesty, the Queen, from the contemporary pages of « Punch ». *London*, 1887, 3 vol. in-4, fig., cart. toile bleu, fers spéciaux, tr. dor.

486. **Rabbe** (A.). Histoire d'Alexandre Ier. *Paris*, *Treuttel*, 1826, 2 vol. — Mémoires d'une Polonaise, pour servir à l'histoire de la Pologne, 1764-1830, par Mme Fr. Trembica. *Paris*, *Renouard*, 1841, 2 vol. Description de la colonne monumentale de l'empereur Alexandre Ier. *Saint-Péters-*

bourg, 1834. — Vie d'Alexandre Ier. *Paris*, *Denn*, 1826. — Mémoires historiques sur l'empereur Alexandre, par la comtesse de Choiseul-Gouffier. *Paris*, 1829. — Ens. 7 vol. in-8, portr., br. et demi-rel.

487. **Rabelais** et l'œuvre de Jules Garnier. *Paris*, *Bernard*, 1897, in-4, fig. en couleur, demi-rel. chag. rouge, dos et coins, tête dor., non rogné.

488. **Racinet** (A.). Le costume historique; types principaux du vêtement et de la parure, rapprochés de ceux de l'intérieur de l'habitation, dans tous les temps et chez tous les peuples, avec de nombreux détails sur le mobilier, les armes, les objets usuels, les moyens de transport, etc. *Paris*, *Didot*, 1888, 6 tomes en 20 livraisons, in-folio, en cart. et 1 livr. de texte.

500 planches, dont 300 en couleur.

489. **Raffet**. Notes et croquis de Raffet, mis en ordre et publiés par Auguste Raffet, avec deux cent cinquante-sept dessins inédits, gravés en relief, par Amand Durand. *Paris*, 1878, in-fol., fig., br.

490. **Raguse** (Maréchal Marmont, duc de). Mémoires, de 1792 à 1841, imprimés sur le manuscrit original de l'auteur. *Paris*, *Perrotin*, 1857, 9 vol. in-8, portr., br.

491. **Raimes** (Gaston de). Soldats de France, actions héroïques, généraux de la république, maréchaux de l'empire, illustrations de Henri Pille. *Paris*, *Lemerre*, 2 vol. gr. in-8, fig., demi-rel. mar. rouge, dos et coins, têtes dor., non rognés.

492. **Remke** (Léopold von). Denkwürdigkeiten des staatskanziers fürsten von hardenberg. *Leipzig*, *Duncker*, 1877, 5 vol. in-8, br.

493. **Recueil** des instructions données aux ambassadeurs et ministres de France, depuis les traités de Westphalie jusqu'à la révolution française. Russie, par Alfred Rambaud. *Paris*, *Alcan*, 1890, 2 vol. in-8, br.

494. **Recueil** des instructions données aux ambassadeurs et ministres de France. Suède, par A. Geffroy. *Paris*, *Alcan*, 1885. — Descostes. La Révolution française vue de l'étranger. Mallet du Pan. *Tours*, *Mame*, 1897. — Correspondance

secrète de l'abbé Salamon, chargé des affaires du Saint Siège, pendant la Révolution. *Paris, Plon*, 1898. — Ens. 3 vol. in-8, portr., br.

495. **Reiset** (Comte de). Modes et usages au temps de Marie-Antoinette. Livre-journal de Mme Eloffe, marchande de modes, couturière, lingère ordinaire de la Reine et des dames de la cour, ouvrage illustré de près de 200 gravures, dont 110 grandes planches, 68 coloriées. *Paris, Didot*, 1886, 2 vol. gr. in-8, fig. en noir et en couleur, demi-rel. mar. bleu, dos et coins, têtes dor., non rognés.

496. **Rembrandt.** L'œuvre, décrit et commenté par Charles Blanc, ouvrage comprenant la reproduction de toutes les estampes du maître, exécutée sous la direction de M. Firmin Delangle. *Paris, Quantin*, 1880, 2 vol. in-fol. et album gr. in-fol., fig., cart., non rognés.

497. **Rémusat** (M. de). Correspondance, pendant les premières années de la restauration, publiés par son fils, Paul de Rémusat. *Paris, Lévy*, 1884, 6 vol. in-8, br.

498. **Rémusat** (Mme de). Mémoires, 1802-1808, publiés avec une préface et des notes par son petit-fils, Paul de Rémusat. *Paris, Lévy*, 1893, 3 vol. — Lettres, 1804-1814, avec un portrait gravé par Lalauze. *Paris, Lévy*, 1881, 2 vol. — Ens. 5 vol. in-8, portr., br.

499. **Restif de la Bretonne.** Les Françaises, ou XXXIV exemples choisis dans les mœurs actuelles. *Neufchâtel et Paris*, 1786, 4 vol. in-12, fig., demi-rel. veau violet, non rognés.

34 figures de Binet; 17 sont en double état, forte tache à la fin du tome 3.

500. **Restif de la Bretonne.** Les Parisiennes, ou XL caractères généraux, pris dans les mœurs actuelles, propres à servir à l'instruction des personnes du sexe. *Paris, Guillot*, 1787, 4 vol. in-12, fig., demi-rel. veau violet, non rognés.

20 figures de Binet, 9 sont en double état.

501. **Restif de la Bretonne.** Monsieur Nicolas, ou le cœur humain dévoilé. *Paris, Liseux*, 1883, 14 vol. in-12, br.

502. **Revue de l'art** (La), ancien et moderne, directeur Jules

Comte, de l'origine, avril 1897, à décembre 1898, 2 années en liv., nomb. figures.

503. **Revue** des documents historiques, suites de pièces curieuses et inédites, publiées avec des notes, par Étienne Charavay. *Paris*, 1873 à juin 1881, 8 années,en liv.

504. **Revue** des revues, et revue d'Europe et d'Amérique. *Paris*, 1897 et 1898, 2 années en livraisons.

505. **Revue** rétrospective, recueil de pièces intéressantes et de citations curieuses, de l'origine, juillet 1884, à juin 1894, 20 vol. — Nouvelle revue rétrospective, de juillet 1894 à décembre 1897, 7 vol. — Ens. 27 vol. in-12, br.

L'on a joint à cette collection 17 volumes ou brochures, publiés par la *Revue rétrospective*.

506. **Rey** (Alfred) et Louis Féron. Histoire du corps des gardiens de la paix, ornée de 44 planches en couleur et de 266 gravures en noir. *Paris*, *Didot*, 1896, gr. in-8, fig., br.

507. **Richard** (Jules). En campagne, tableaux et dessins d'Alphonse de Neuville. *Paris*, *Boussod*. — Frédéric Masson. En campagne, tableaux et dessins de Édouard Detaille. *Paris*, *Boussod*. — Ens. 2 tomes en 1 vol. in-fol., fig., cart. toile, fers spéciaux.

508. **Rippold** (Friedrich). Erinnerungen aus dem leben des general-feldmarschalls Hermann von Boyen aus seinem nachlasz im austrag der familie herausgegeben. *Leipzig*, *Hirzel*, 1889, 3 vol. in-8, portr., demi-rel. chag. brun, dos et coins.

509. **Rire** (Le), de l'origine, 10 novembre 1894, au 29 octobre 1898. *Paris*, *Juven*, 4 vol. in-4, demi-cart. toile, dos et coins, non rognés.

Collection complète.

510. **Roberts of Keindahar** (Lord). Forty-one years in India, with portraits and maps. *London*, *Bentley*, 1897, 2 vol. in-8, fig., cart., non rognés.

511. **Röchling** (Carl) und Richard Knötel. Der alte Fritz, in fünfzig bildern für jung und alt. *Berlin*, *Paul Kittel*, in-4, oblong, fig. en couleur, cart., fers spéciaux, tr. dor.

512. **Röchling** (C.). R. Knötel u. W. Friedrich. Die Königen Luise, in 50 bildern für jung und alt. *Berlin*, *Paul Kittel*, in-4 oblong, fig. en couleur, cart., fers spéciaux, tr. dor.

513. **Rod** (Édouard). La course à la mort. — Vie privée de Michel Tessier, 2 vol. — Dernier refuge. — La Haut. — Scènes de la vie cosmopolite. — Idées morales du temps présent. — Giacomo Leopardi. — Essai sur Gœthe. — Nouvelles études sur le XIXe siècle. — Le sens de la vie. — Ens. 11 vol. in-12, br.

514. **Roger-Milès** (L.). Comment discerner les styles du VIIIe au XVIIIe siècle, études pratiques sur les formes et décors propres à déterminer leurs caractères, dans les objets d'art et la curiosité. *Paris*, *Rouveyre*, gr. in-8, fig., cart., non rogné.

515. **Roger-Milès** (L.). Comment discerner les styles du VIIIe au XVIIIe siècle, caractères et manifestation des formes en architecture et décoration. *Paris*, *Rouveyre*, gr. in-8, fig., cart., non rogné.

516. **Roger-Milès** (L.). Comment discerner les styles du VIIIe au XVIIIe siècle. Histoire, philosophie, document, études sur les formes et les variations propres à déterminer le caractère du style dans le costume et la mode. *Paris*, *Rouveyre*, gr. in-8, fig., cart., non rogné.

517. **Roguet** (Lieutenant général, comte). Mémoires militaires. *Paris*, *Dumaine*, 1862, 4 vol. in-8, br.

518. **Roland** (Mme). Mémoires, édition conforme au manuscrit original. *Paris*, *Plon*, 1864, 2 vol. — Mémoires sur la vie privée de Marie-Antoinette, par Mme de Campan. *Paris*, *Baudouin*, 1823, 3 vol. — Ens. 5 vol. in-8, portr., demi-rel. et veau racine.

519. **Romey** (Charles) et Alfred Jacobs. La Russie ancienne et moderne, d'après les chroniques nationales. *Paris*, *Furne*, 1855. — Histoire de la Russie. *Paris*, *Flammarion*, 1895. — Ens. 2 vol. gr. in-8, fig., demi-rel. et cart.

520. **Rothan** (G.). La Prusse et son roi. — La politique française en 1866. — L'affaire du Luxembourg. — La France et sa politique extérieure en 1867, 2 vol. — L'Allemagne et

L'Italie, 1870-1871, 2 vol. — L'Europe et l'avènement du second empire. — Ens. 8 vol. in-12, br.

521. **Rousseau** (J.-J.). Les Confessions, nouvelle édition, illustrée de quatre-vingt-seize compositions, par Maurice Leloir, gravées à l'eau-forte par les premiers artistes, préface de Jules Claretie. *Paris*, *Launette*, 1889, 2 vol. in-4, fig., demi-rel. mar. rouge, dos et coins, têtes dor., non rognés.

522. **Rousset** (Camille). Les commencements d'une conquête, l'Algérie, de 1830 à 1840. *Paris*, *Plon*, 1887, 2 vol. et atlas. — La conquête de l'Algérie, 1841-1857. *Paris*, *Plon*, 1889, 2 vol. et atlas. — Ens. 4 vol., in-8 et 2 atlas, br.

523. **Rousset** (Le commandant). La seconde campagne de France. Histoire générale de la guerre Franco-Allemande, 1870-71. *Paris*, 6 vol., et atlas in-8, br.

524. **Rovinski** (D.). Portraits authentiques des tzars, Jean III, Basile, son fils, et Jean IV le Terrible, et cinq ambassades de leur époque, reproduits d'après des gravures contemporaines. *Saint-Pétersbourg*, 1882, in-fol., fig. en cart.

525. **ROVINSKI (DMITRI). L'ŒUVRE GRAVÉ DE REMBRANDT**, reproduction des planches originales, dans tous leurs états successifs, 1.000 phototypies sans retouches, avec un catalogue raisonné. *Saint-Pétersbourg*, 1890, 3 cartons de planches, in-fol. et texte in-4, br.

526. **Roye** (Jean de). Journal connu sous le nom de Chronique scandaleuse, 1460-1483, publié par B. de Mandrot. *Paris*, *Renouard*, 1896, 2 vol. — Le parti des politiques au lendemain de la Saint-Barthélemy. *Paris*, *Plon*, 1892. — La duchesse de Montmorency, 1600-1666, par R. Monlaur. *Paris*, *Plon*, 1898. — Les fils de Henri II, la cour, la ville et la société. François II, par le marquis de Belleval. *Paris*, 1898. — Comte d'Haussonville. La duchesse de Bourgogne. *Paris*, *Lévy*, 1898. — A. Baraudon. La maison de Savoie et la triple alliance. *Paris*, *Plon*, 1896. — Ens. 7 vol. in-8, portr., br.

527. **Russes** (Les) et les Turcs, histoire complète de leurs différents et de leurs guerres, par J. Ladimir. *Paris*, 1854.

— Du système permanent de l'Europe à l'égard de la Russie, par M. De Pradt. *Paris*, 1828. — Documents secrets de la politique russe en Orient, 1881-1890, par R. Leonoff. *Berlin*, 1893. — Ch. Ostrowski. Lettres slaves, 1839-1853. *Paris*, 1853. — Théâtres de guerre de l'Autriche et de la Russie dans la Turquie d'Europe, par F. de Ciriacy. *Paris*, 1828. — Ens. 5 vol. in-8, br. et rel.

528. **Russia's** march towards India. *London*, *Sampson Low*, 1894, 2 vol. — Russia in central Asia in 1889 and the anglo-russian question, by George N. Curzon. *London*, *Longmans*, 1889. — Across Russia, from the Baltic to the Danube, by Ch. Augustus Stoddard. *London*, *Chapman*, 1892. — Ens. 4 vol. in-8, fig., cart, toile, non rognés.

529. **Russie**. Die finanzen Russlands, 1896. — Zur politik des Russischen finanz ministeriums, 1898. — G. Brandes, Polen, 1898. — Gehring. Die selten der Russischen kirche, 1898. — Quer durch Sibiren. — Ernste und heitere bilder aus der armée des weiken zaren. *Leipzig*. — Petersburger high-life, 1899. — Im Polen aufruhr. *Gotha*, 1898. — Moskau ohne maske. *Leipzig*. — Die gefahr im Osten. *Berlin*, 1895. — Vida de Alejandro I. *Madrid*, 1826. — Ens. 11 vol. in-8, br.

530. **Russie** (De **la**) et de la France, entretiens politiques. *Paris*, 1842. — La Russie du XVIIe siècle dans ses rapports avec l'Europe occidentale, par le prince Emmanuel Galitzin. *Paris*, 1855. — Histoire diplomatique de l'alliance Franco-Russe, 1873-1893, par Ernest Daudet. *Paris*, 1894. — Essai historique sur le système de colonisation militaire de la Russie. Paris, 1825. — Saxe et Moscou. Un médecin diplomate, Laurent Rinhuber de Rinhufer, par P. Pierling. *Paris*, 1893. — Ens. 5 vol. in-8, br. et demi-rel.

531. **Russie épique** (La). Étude, par Alfred Rambaud. *Paris*, 1876. — Recueil de lettres de l'impératrice Marie Feodorovna. *Moscou*, 1883. — Adolphe Dupuis, 1824-1891, étude biographique. *Paris*, 1893. — Léger (Louis). Cyrille et Méthode, étude historique sur la conversion des Slaves au Christianisme. *Paris*, 1868. — Chantreau. Voyage philosophique, politique et littéraire en Russie. *Paris*, 1794, 2 vol. — Théâtre du prince Clénerzow, russe, traduit en

françois. *Paris*, 1771, 2 vol. — Lettres de France, de D. I. von Vizine à sa sœur, à Moscou. *Paris*, 1888. — 9 vol. in-8, br.

532. **Russie** (La) géographique, ethnographique, historique, etc. *Paris*. — Russie, par M. Chopin. *Paris*, 1838, 2 vol. — La Russie, voyage pittoresque de Saint-Pétersbourg à Moscou, par L. Ritchie. *Paris*. — Traits caractéristiques de l'histoire de Russie. *Paris*, 1804. — Tableau historique, géographique, militaire et moral de l'empire de Russie, par M. Damaze de Raymond. *Paris*, 1812, 2 vol. — Ens. 7 vol. in-8, fig., br. et rel.

533. **Russie** (La). Le pays, les institutions, les mœurs, par D. Mackenzie-Wallace. *Paris*, 1877, 2 vol. — La vérité sur la Russie, par le prince Pierre Dolgoroukow. *Paris*, 1860. — Ens. 3 vol. in-8, demi-rel.

534. **Russie**. — Pypin. Die giestigen bewegungen in Russland. *Berlin*, 1894. — Kaiser Paul I ende 1801. *Stuttgart*, 1897. — Czar Nikolaus II und sein hof. *Berlin*. — Skizzen Russischer kulturgeschichte. *Leipzig*, 1898. — Geheime documente des Russischen Orient-Politik. *Leipzig*. — Russische Zustände von E. B. Lanin. *Dresden*, 1892. — Geschichte Russlands bis, zum ende des 18 Jahrhunderts, von Bruckner. *Gotha*, 1896, tome Ier. — Ens. 7 vol. in-8, br.

535. **Russland's** geschichte und politik dargestellt in des geschichte des russischen hohen adels, von A. Kleinschmidt. *Cassel*, 1877. — Breitrage zur kulturgeschichte russlands im XVII Jahrhundert, von A. Bruckner. *Leipzig*, 1887. — Die Europäiherung russlands land und volk, von A. Bruckner. *Gotha*, 1888. — Verfassungsgeschichte der évangelisch-lutherischen kirch in russland, von H. Valton. *Gotha*, 1887, 2 vol. — Ens. 5 vol. in-8, br.

536. **Saint-Julien** (Ch. de). Voyage pittoresque en Russie. *Paris*, *Belin-Leprieur*. — Ravergie. Histoire de la Russie, et de ses projets d'envahissement. *Paris*, *Krabbe*, 1854. — Ens. 2 vol. gr. in-8, fig., demi-rel. chag.

537. **SAINT-PIERRE (BERNARDIN DE)**. Paul et Virginie (et la Chaumière indienne). *Paris*, *Curmer*, 25, *rue Sainte-Anne*, 1838, gr. in-8, fig., mar. rouge, double rangée

de fil., avec ornements, dos orné, dent. intér., tr. dor. (*David*).

On a ajouté à cet exemplaire : 1° Le portrait de la *Bramine*, avec l'ÉTOILE au front ; 2° le portrait de Marguerite, avec la *lettre* sur *Chine* ; 3° un portrait et 7 figures par *Corbould*, épreuves AVANT LA LETTRE, sur *Chine* ; 4° 12 figures in-18, de *Corbould*, AVANT LA LETTRE, sur *Chine*, dont 5 en double état, avec l'EAU-FORTE sur *Chine* ; 5° un portrait et dix figures de *Laffitte*, *Moreau*, *Prud'hon*, *Desenne*, etc., AVANT LA LETTRE ; 6° un titre avec fleuron, et 4 figures de *Desenne*, AVANT LA LETTRE, sur *Chine* ; 7° un portrait et 5 figures in-18, de *Desenne*, AVANT LA LETTRE, sur *Chine* ; 8° un reçu portant la signature autographe de Bernardin de Saint-Pierre.

538. **Sainte-Beuve**. Premiers lundis. *Paris*, 1889, 3 vol. — Causeries du Lundi. *Paris*, 15 vol. et table, 1 vol. — Nouveaux lundis. *Paris*, 1891, 13 vol. Portraits littéraires. *Paris*, 3 vol. — Portraits de femmes. — Correspondance, 2 vol. — P.-J. Proudhon. — Chateaubriand et son groupe littéraire, 2 vol. — Lettres à la princesse. — Souvenirs et indiscrétions. — Le général Jomini. — Le prince de Talleyrand. — Ens. 45 vol. in-12, demi-cart. toile bleue, non rognés.

539. **Sand** (George). Les beaux messieurs de Bois-Doré, illustrations d'Adrien Moreau, gravées sur bois par Brauer, Froment, Hamel, Meaulle, Rousseau et Thomas. *Paris*, *E. Testard*, 1892, 2 vol. gr. in-8, fig. et eaux-fortes, br.

540. **Sauerweid** (Alexander). Kriegs-scenen bei Dresden, nach der natur gezeichnet und radirt. *Dresden*, 1810, in-4, oblong, en cartons.

Deux suites, l'une de 12 pièces, légèrement coloriées, l'autre de 15 pièces.

541. **Sauvan**. Picturesque tour of the Seine, from Paris to the sea, with particulars, historical and descriptive, illustrated with twenty four highly finished and coloured engravings, from drawings, by A. Pugin and J. Gendall. *London*, *Ackermann*, 1821, in-4, fig., demi-rel. veau, dos et coins.

24 planches en couleur.

542. **Savigny de Moncorps** (Vicomte de). Les almanachs de modes de 1814 à 1830. *Paris*, *Techener*, 1897, fig. en couleur. — Le duc d'Aumale et la bibliothèque de Chantilly, par Émile Picot. *Paris*, *Techener*, 1897. — Documents sur les relieurs, miniaturistes et calligraphes des ordres royaux

de Saint-Michel et du Saint-Esprit, publiés par F. Mazerolle. *Paris*, *Techener*, 1897. — Ens. 3 plaquettes, in-8, br.

543. **Scarron**. Le roman comique, peint par J.-B. Pater et J. Dumont, réduits d'après les gravures au burin, par T. de Mare. *Paris*, *P. Rouquette*, 1883, gr. in-8, fig., br.

Exemplaire sur papier vergé, avec les figures en double état.

544. **Schillers** werke, herausgegeben von J. G. Fischer. *Stuttgart*, gr. in-8. — Bauer (Erwin). Aut Cæsar aut nihil, geschichtlicher roman. *Leipzig*, 2 vol. — Die geheimnisse des Winterpalais roman. *Leipzig*, 1894. — Heinrich Heine's buch der lieder. *Berlin*, 1889, in-18. — Ens. 6 vol. in-8 et in-18, br. et rel.

545. **Schmidt** (Adolf). Pariser zustande wahrend der Revolutionozeit von 1789-1800. *Iena*, 1874, 3 vol. — Geschichte des krieges im Jahre 1805, besonderer abdrunck aus der geschichte der kriege in Europa seit dem Jahr 1792. *Berlin*, 1847. — Geschichte des krieges von Preussen und Russland gegen Frankreich in den Jahre 1806 und 1807. *Berlin*, 1835. — Ens. 5 vol. in-8, br.

546. **Schmidt** (Adolphe). Paris pendant la Révolution, d'après les rapports de la police secrète. *Paris*, *Champion*, 1880, 4 vol. in-8, br.

547. **Schneider** (Louis). Aus meinem leben. *Berlin*, *Mittler*, 1879, 3 vol. in-8, br.

548. **Schoener** (Dr Reinhold). Rome, avec 200 illustrations originales. *Paris*, *Nilsson*, in-4, fig., cart. toile, fers spéciaux, tête dor., non rogné.

549. **Schopenhauer** (Arthur). Sämmtliche werke, herausgegeben von Julius Frauenstädt. *Leipzig*, *Brockhaus*, 1891, 6 vol. in-8, demi-rel. chag. vert.

550. **Schwebach**. Encyclopédie pittoresque, ou suite de compositions, caprices et études, gravés au trait. — Études de chevaux. — Sujets divers gravés en manière de crayon. — Divers essais de gravure par Schwebach dit Fontaine. *Paris*, *chez l'auteur*, s. d. (1806), 4 vol. in-4, fig., demi-rel. veau vert.

307 planches.

551. **Seïdel** (Paul). Friedrich der Grosse und die französische malerei seiner zeit, mit genehmigung seiner Majestät des Kaisers und Königs. 60 tafeln in lichtdruck. *Berlin, Albert Frisch*, in-fol., fig., cart. toile rouge, fers spéciaux, tr. dor.

552. **Seignobos** (Ch.). Histoire politique de l'Europe contemporaine, évolution des partis et des formes politiques, 1814-1896. *Paris, A. Colin*, 1897. — H. Thirria, Napoléon III avant l'empire. *Paris, Plon*, 1895, 2 vol. — Documents pour servir à l'histoire du second empire; circulaires, rapports, notes et instructions confidentielles, 1851-1870. *Paris*, 1871.— Ens. 4 vol. in-8, br.

553. **Serre** (Comte de). Correspondance, 1796-1824, annotée et publiée par son fils. *Paris, Vaton*, 1876, 7 vol. in-8, portr., br.

554. **Siberia** and the exile system, by George Kennan. *London, Osgood*, 1891, 2 vol. — The Tsar and his people, or social life in Russia. *New-York*, 1891. — Ens. 3 vol. in 8, fig., cart. toile, non rognés.

555. **Silvestre** (Armand). Le nu au Salon, 1888 à 1893 et 1897, 13 vol. in-8, fig., br.

556. **Skelton** (John). Mary Stuart. *London, Boussod*, 1898, in-4, fig., br.

557. **Skelton** (John). Charles I. *London, Boussod*, 1898, in-4, fig., br.

558. **Sloane** (William Milligan). Life of Napoleon Bonaparte. *New-York*, 1896, 4 vol. in-4, fig. en noir et en couleur, cart. toile, têtes dor., non rognés.

559. **Société de Saint-Pétersbourg** (La). *Paris*, 1888. — La Cour de Russie il y a cent ans, 1725-1783. *Berlin*, 1858. — Hallez (Th.). Mémoires secrets pour servir à l'histoire de Russie. *Paris*, 1853. — Notice sur le prince Dmitri Galitzin. *Lyon*, 1859. — Laverne (De). Histoire du feld-maréchal Souvaroff. *Paris*, 1809. — Vie du prince Potemkin, feld-maréchal. *Paris*, 1808. — Ens. 6 vol. in-8, br. et demi-rel.

560. **Soltyk** (Roman). Relation des opérations de l'armée aux ordres du prince Joseph Poniatowski, pendant la campagne

de 1809, en Pologne, contre les Autrichiens. *Paris, Gaultier-Laguionie*, 1841, in-8, portr. et cart., br.

561. **Soltyk** (Roman). Napoléon en 1812, mémoires historiques et militaires sur la campagne de Russie. *Paris, A. Bertrand*, 1836, in-8, cart , demi-rel. veau.

Très rare.

562. **Soltykoff** (Le prince Alexis). Voyage dans l'Inde. *Paris, Curmer*, 1851, 2 vol. gr. in-8, demi-rel. mar. rouge, dos et coins, têtes dor., non rognés.

563. **Sorel** (Albert). L'Europe et la Révolution française. *Paris, Plon*, 1887-1892, 4 vol. in-8, br.

564. **Souvenirs** de Sébastopol, recueillis et rédigés par Alexandre III. *Paris*, 1894. — Général Herbé. Français et Russes en Crimée. *Paris*, 1892. — Les Français en Russie et les Russes en France, l'ancien régime, l'émigration, les invasions, par L. Pingaud. *Paris*, 1886. — L'entrée des Russes à Paris, et l'armée russe, par J. Tanski. *Paris*, 1864. — Russes et Prussiens, guerre de sept ans, par Alfred Rambaud. *Paris*, 1895. — Ens. 5 vol. in-8, fig., br.

565. **Souvenirs** (Les) et les regrets du vieil amateur dramatique, ou lettres d'un oncle à son neveu (par Arnault). *Paris, Alph. Leclère*, 1861, in-8, fig., demi-rel. mar. rouge, dos et coins, tête dor., non rogné.

49 portraits en pied, très finement coloriés.

566. **Specielle** beschreibung der Orden, aller europaischen und nichteuropaischen regenten uns staaten. *Leizpig, M. Ruhl*, 1884, 2 cartons, pet. in-4.

69 planches de drapeaux, armes et décoration en or et en couleur.

567. **Spamers.** Illustrierte welgeschichte mit besonderer beruckischtegung der kulturgeschichte unter mitwirlung andrer bewährter fachmänner neubearbeitet und bis zur gegenwart. fortgesührt, von Otto Kaemmel und Konrad Sturmhoefel. *Leipzig, Otto Spamer*, 1894, 10 vol. in-8, fig., br.

568. **Spemann** (Wilhelm). Das Museum eine anleitung zum genuss der werke bildender kust. *Berlin, Spemann*, 3 vol. in-4, fig. en cart., fers spéciaux.

569. **Stern** (Bernhard). Von Kaukasus zum Hindukusch. *Berlin*, 1893. — Aus dem modernen russland, *Berlin*, 1893. 2 vol. — Die Romanows. *Berlin*, 1893. — Furst Wladimirs tafelrunde. *Berlin*, 1892. — Moderne Russische censur und presse, von W. J. Nagradow. *Berlin*, 1894. — Friedrich der Grosse und Katharina die zweite, von Kurd von Schlözer. *Berlin*, 1859. — Ens. 7 vol. in 8, br.

570. **Stern** (Alfred). Geschichte Europas seit den verträgen von 1815 bis zum frankfurter frieden von 1871. *Berlin*, *W. Hertz*, 1894, 2 vol. in-8, demi-rel., dos et coins.

571. **Studio** (The) an illustrated Magazine of fine and applied art. *London*, 1898 (tomes 12 à 14), 3 vol. in-4, cart. toile.

572. **Swift**. Voyages de Gulliver dans les contrées lointaines, édition illustrée par Grandville. *Paris*, *Fournier*, 1838, 2 vol. in-8, fig., front. sur Chine volant, cart. toile, non rognés.

573. **Sybel** (Heinrich von). Geschichte der Revolutionszeit von 1789 bis 1800. *Frankfurt-a.-M.*, *Rütten*, 1882, 5 vol. in-8, br.

574. **Tableau de Paris** (par Mercier), nouvelle édition, corrigée et augmentée. *Amsterdam*, 1782, 12 vol. — Le nouveau Paris, par Mercier. *Paris*, s. d., 3 vol. — Ens. 15 vol. in-8, veau.

575. **Taine** (H.). Les origines de la France contemporaine. *Paris*, *Hachette*, 1891, 6 vol. in-8, demi-rel. chag. bleu.

576. **Talleyrand** (Prince de). Mémoires, publiés avec une préface et des notes par le duc de Broglie. *Paris*, *Lévy*, 1891, 5 vol. in-8, portr., br.

577. **Testut** (Oscar). L'Internationale et le Jacobinisme au ban de l'Europe. *Paris*, 1872, 2 vol. — La philosophie sociale du XVIIIe siècle et la Révolution, par Alf. Espinas. *Paris*, *Alcan*, 1898. — Les luttes entre sociétés humaines, par J. Novicow. *Paris*, *Alcan*, 1893. - Les gaspillages des sociétés modernes, par J. Novicow. *Paris*, *Alcan*, 1894. — Pobedonostzeff. Questions religieuses, sociales et politiques. *Paris*, *Baudry*, 1897. — Bouvery. Le spiritisme et l'anarchie devant la science et la philosophie. *Paris*, 1897. — Ens. 7 vol. in-8, br.

578. **Teuber**. Die Osterreichische armee von 1700 bis 1867, illustrirt von Rudolph von Ottenfeld, text von Oscar Teuber. *Wien*, *E. Berté*, 1895, 9 liv. in-fol., figures en couleurs.
   38 planches coloriées.

579. **Theas** (François de, comte de Thoranc). Goethe's Königslieutenant, dichtung und wahrheit drittes buch; mittheilungen und beiträge von Martin Schubart. *München*, *Bruckmann*, 1896, in-8, fig., veau fauve, dent., dos orné, tête dor., non rogné.

580 **Thiébault** (Le général baron). Mémoires, publiés sous les auspices de sa fille, Mlle Claire Thiébault, d'après le manuscrit original, par F. Calmettes. *Paris*, *Plon*, 1893, 5 vol. in-8, br.

581. **Thierry** (Augustin). Récits des temps mérovingiens, avec quarante-deux dessins de J.-P. Laurens. *Paris*, *Hachette*, 1887, in-4, fig , demi-rel. chag. rouge, dos et coins, tête dor., non rogné.

582. **Thiers** (A.). Histoire de la Révolution française. *Paris*, *Furne*, 1836, 10 vol. in-8, fig., demi-rel. veau.

583. **Thiers** (A.). Histoire du consulat et de l'empire. *Paris*, 1845, 21 vol. in-8, portr. et fig., cart. toile.
   Le tome 21 est broché.

584. **Thoumas** (Ch.). Les grands cavaliers du premier empire, notices biographiques. *Paris*, 1890, 2 vol. — Maurice Girod. Les grands artilleurs, Drouot, Senarmont, Eblé. *Paris*, 1895. — Ens. 3 vol. in-8, portr., br.

585. **Titeux** (Eugène). Saint-Cyr et l'École spéciale militaire en France, Fontainebleau, Saint-Germain, préface par le général Du Barail, ouvrage illustré de 107 reproductions en couleur, 261 gravures et 26 plans. *Paris*, *Didot*, 1898, in-4, fig. en noir et en couleur, br.

586. **Tooke** (H.). Histoire de l'empire de Russie sous le règne de Catherine II, et à la fin du XVIIIe siècle. *Paris*, *Maradan*, 1801, 6 vol. in-8, veau fauve, pet. dent., dos ornés, tr. dor.
   Exemplaire sur grand papier vélin.

587. **Tour** (The) ofdoctor Syntax in search of the picturesque a poem, ninth édition. *London*, *Ackermann*. — The second

tour of docteur Syntax in search of consolation, a poem, third édition. *London*, *Ackermann*, 1820. — The third tour of doctor Syntax, in search of a wife, a poem. *London*, *Ackermann*. — Ens. 3 vol. in-8, fig., demi-rel. cuir de Russie, dos et coins.

80 planches en couleur, par Rowlandson.

588. **Tourgueneff**. La Russie et les Russes. *Paris*, 1847, 3 vol. in-8, br.

589. **Treitschke** (Heinrich von). Zehn Jahre deutscher Kampfe, schriften zur tagespolitik. *Berlin*, 1879. — Deutshe Kampfe neue folge schriften zur tagespolitik. *Leipzig*, 1896. — Politik Vorlesungen gehalten an der universität zu Berlin. *Leipzig*, 1897 (tome Ier). — Ens. 3 vol. in-8, br.

590. **Treitschte** (Heinrich von). Deutsche geschichte im neunzehnten Jahrhundert. *Leipzig*, *Hirzel*, 1886, 5 vol. in-8, br.

Les tomes 4 et 5 sont en demi-rel. chagr. brun, dos et coins, tr. rouges, déchirure aux quatre premiers feuillets du tome Ier.

591. **Treitschte** (Heinrich von). Historische und politische auffatze. *Leipzig*, *Hirzel*, 1886, 4 vol. in-8, br.

592. **Treunfeld**. Die tage von Ligny und Belle-Alliance. *Hannover*, 1880. — Aus dem lager der Verbündeten 1814 und 1815 von A. Pfister. *Stuttgart*, 1897. — Ens. 2 vol. in-8, cart., br.

593. **Uzanne** (Octave). Documents sur les mœurs du XVIIIe siècle. *Paris*, *Quantin*, 1883, 4 vol. in-8, fig., br.

La chronique scandaleuse. — Anecdotes sur la comtesse Du Barry. — La gazette de Cythère. — Les mœurs secrètes du XVIIIe siècle.

594. **Uzanne** (Octave). L'ombrelle, le gant, le manchon. *Paris*, *Quantin*, 1883, gr. in-8, fig., br. (*Emboîtage*.)

595. **Uzanne** (Octave). La Française du siècle, mœurs, modes et usages, illustrations à l'aquarelle, de Albert Lynch, gravées à l'eau-forte, en couleur, par Eugène Gaujean. *Paris*, *Quantin*, 1886, gr. in-8, fig., br. (*Emboîtage*.)

596. **Uzanne** (Octave). Nos contemporaines, notes successives sur les Parisiennes de ce temps dans leurs divers milieux, états et conditions, illustrations de Pierre Vidal. *Paris*, *Quantin*, 1894, gr. in-8, fig. en noir et en couleur, br. (*Emboitage en satin*.)

597. **Uzanne** (Octave). Les modes de Paris, variations du goût et de l'esthétique de la femme, 1797-1897, illustrations originales de François Courboin. *Paris, H. May*, 1898, gr. in-8, fig. en noir et en couleur, demi-rel. veau bleu, dos et coins, tête dor., non rogné.

598. **Vachon** (Marius). Les marins russes en France, préface de E. Melchior de Vogué. *Paris, Quantin*, in-4, fig., demi-cart. toile, dos et coins, tête dor., non rogné.

599. **Vachon** (Marius). Detaille. *Paris, Lahure*, 1898, in-4, fig., br.

600. **Vænius**. Amorum emblemata figuris æneis incisa, studio Othonis Væni. *Antverpiæ, H. Verdussen*, 1608, in-4, oblong, fig., mar. noir, fil et fers à froid. (*Rel. anc.*)

124 figures sur cuivre, rel. aux armes.

601. **Vallet** (L.). Collection Guiet ; histoire des voitures et attelages, 20 planches en couleur. *Paris*, 1896, in-fol. en cart.

602. **Vandal** (Albert). Louis XV et Élisabeth de Russie, étude sur les relations de la France et de la Russie. *Paris, Plon*, 1882. — Une ambassade française en Orient sous Louis XV. *Paris, Plon*, 1887. — Un paladin au XVIIIe siècle, le prince de Nassau-Siegen, par le marquis d'Aragon. *Paris, Plon*, 1893. — Les Bourbons et la Russie pendant la Révolution française, par Ernest Daudet. *Paris*. — Ens. 4 vol. in-8, br.

603. **Vandal** (Albert). Napoléon et Alexandre Ier, l'alliance russe sous le premier empire. *Paris, Plon*, 1891, 3 vol. in-8, portr., br.

604. **Vasili** (Comte P.). La Sainte Russie, la cour, l'armée, le clergé, la bourgeoisie et le peuple. *Paris, Didot*, 1890, gr. in-8, fig., en noir et en couleur, demi-rel. chag. rouge fers spéciaux, tr. dor.

605. **Vaudoncourt** (Le général Guillaume de). Quinze années d'un proscrit. *Paris, Dufey*, 1835, 4 vol. in-8, br.

606. **Vaux** (Baron de). Légende de Montfort-la-Cane. *Paris, Leroux*, 1886. — Promenades dans Bruges, par Ch. de Flou. *Liège, Bernard*. — Ens. 2 vol. in-8, fig., br.

607. **Vento** (Claude) (Violette). Les grandes dames d'aujourd'hui, illustrations de Saint-Elme Gautier. *Paris, Dentu*, in-8, fig., br.

608. **Veranderse Russland** (Das) in welchem die jeszige verfassung des geist und weltlichen regiments der Krieges, staat zu land und zu wasser. *Franckfurt*, 1721, in-4, fig. et carte, vélin.

609. **Véron** (Le docteur). Mémoires d'un bourgeois de Paris. *Paris*, *de Gonet*, 1853, 6 vol. — Nouveaux mémoires d'un bourgeois de Paris. *Paris*, 1866. — Ens. 7 vol. in-8, demi-rel. toile.

610. **Vicaire** (Georges). Manuel de l'amateur de livres du XIXe siècle, 1801-1893. *Paris*, *A. Rouquette*, 1894-1898, fascicules 1 à 10, brochés.

Tout ce qui a paru.

611. **Vie** de Planat de la Faye, aide-de-camp des généraux Lariboisière et Drouot. *Paris*, *Ollendorff*, 1895, 2 vol. — Un inspecteur général de cavalerie, le général Kellermann. *Paris*, 1898. — Ch.-A. Fare. Lettres d'un jeune officier à sa mère, 1803-1814. *Paris*, *Delagrave*, 1889. — Bautzen, par le commandant Foucart. *Paris*, 1897. — J. N. A. Noël. Souvenirs militaires d'un officier du premier empire, 1795-1832. *Paris*, 1895. — Le général Souham, 1760-1837. *Paris*, *Picard*, 1897. — L'abbé Casteig. La défense d'Huningue, en 1815, et le général Barbanègre. *Paris*, 1898. — Commandant Margueron. Campagne de Russie (tome 1er). *Paris*, *Lavauzelle*. — Le général Alexis Dubois, par L. Hennet. *Paris*, *Baudoin*, 1897. — Campagne de l'an 14e (1805). Le corps d'armée aux ordres du maréchal Mortier, combat de Dübrenstein, par Alombert. *Paris*, 1897. — Ens. 11 vol. in-8, portr., br.

612. **Vigée-Lebrun** (Mme Louise-Élisabeth). Souvenirs. *Paris*, *Fournier*, 1836, 3 vol. in-8, portr., demi-rel. veau bleu.

613. **Vigny** (Comte Alfred de). Cinq-Mars, ou une conjuration sous Louis XIII, 13 planches à l'eau-forte, gravées par Gaujean, d'après Dawant, et 28 en-têtes de chapitres. *Paris*, *Quantin*, 1889, 2 vol. in-8, fig. br.

614. **VIGNY (ALFRED DE). SERVITUDE ET GRANDEUR MILITAIRES**, dessins de H. Dupray, gravés à l'eau-forte par Daniel Mordant. *Paris, imprimé pour les amis des livres*, 1885, gr. in-8, fig., mar. rouge jans., dent. intér., tr. dor. (*Pagnant*).

Tirage à 121 exemplaires sur papier du Japon, avec les figures en 3 états, *avant la lettre*, *avant la lettre avec remarque*, et EAUX-FORTES.

615. **Vigny** (Alfred de). Servitudes et grandeur militaires, 51 illustrations de L. Dunki, gravées par Clément Bellanger. *Paris, Ed. Pelletan*, 1898, 2 vol. gr. in-8, fig., br.

616. **Vigny** (Alfred de). Servitude et grandeur militaires, compositions de Albert Dawant et Jean-Paul Laurens, eaux-fortes de Louis Muller, Champollion et Decisy. *Paris, A. Magnier*, 1898, 2 vol. in-8, fig., br.

Collection des Dix.

617. **Vigny** (Alfred de). Les destinées, précédées de Moïse, 46 illustrations de C. Bellenger, gravées par Froment. *Paris, Ed. Pelletan*, 1898, in-8, fig., br.

618. **Villèle** (Comte de). Mémoires et correspondance. *Paris, Perrin*, 1888, 5 vol. in-8, portr., br.

619. **Villermont** (Comtesse Marie de). Histoire de la coiffure féminine. *Paris, Laurens*, 1892, gr. in-8, fig., br.

620. **Vitrolles** (Baron de). Mémoires et relations politiques, publiés, selon le vœu de l'auteur, par Eugènes Forgues. *Paris, Charpentier*, 3 vol. in-8, br.

621. **Vivant-Denon**. L'œuvre originale, collection de 315 eaux-fortes dessinées et gravées par ce célèbre artiste, avec une notice par Albert de La Fizelière. *Paris, Barraud*, 1873, in-fol. en liv.

Contenant les Priapées et sujets galants.

622. **Vogué** (E. Melchior de). Le portrait du Louvre, illustrations de M. le comte de l'Aigle. *Paris, Boudet*, 1889, in-4, fig., emboîtage en satin.

623. **Voltaire**. Œuvres complètes, nouvelle édition, avec notices, préfaces, variantes, table analytique, conforme pour le texte à l'édition de Beuchot. *Paris, Garnier*, 1883, 52 vol. in-8, portr. et fig., demi-rel. mar. vert.

624. **VOLTAIRE. LA PUCELLE D'ORLÉANS**, poème héroï-comique en dix-huit chants. *Londres* (*Paris, Cazin*), 1780, in-18, portr., front et fig., mar. rouge, fil., dos orné, doublé de mar. bleu, larges dent., fleurs en mosaïque, tr. dor. (*Chambolle-Duru*).

Bel exemplaire contenant la suite de 18 figures de Marillier, dite *Suite anglaise*.

625. **Voyage** dans un grenier (par Ch. Cousin). Bouquins, faïences, autographes et bibelots. *Paris, Morgand*, gr. in-8, fig., demi-rel. mar. citron, dos et coins, tête dor., non rogné.

626. **Voyage** de Lister à Paris, en 1698, traduit pour la première fois, publié et annoté. *Paris*, 1873, in-8, cart. toile, non rogné.

Bel exemplaire sur papier de Hollande.

627. **Wachsmuth** (Wilhelm). Geschichte Frankreichs im Revolutionszeitalter. *Hamburg, F. Perthes*, 1840, 4 vol. in-8, br.

628. **Waliszewski** (K.). Le roman d'une impératrice, Catherine II de Russie. *Paris, Plon*, 1893. — Autour d'un trône, Catherine II de Russie. *Paris, Plon*, 1894. — Ens. 2 vol. in-8, portr., br.

629. **Waliszewski** (K.). Pierre le Grand, l'éducation, l'homme, l'œuvre. *Paris, Plon*, 1897. — Marysienka. Marie de La Grange d'Arquien, reine de Pologne, 1641-1716. *Paris, Plon*, 1898. — Raoul Chelard. L'Autriche-Hongrie, l'Autriche contemporaine, la Hongrie millenaire. *Paris*, 1896, 2 vol. — Ens. 4 vol. in-8, br.

630. **Warnecke** (F.). Heraldisches handbuch fur freunde der wappenkunst sowie für künstler und gewerbetreibande bearbeitet und mit beihulfe der Kgl. preuss cultusministeriums herausgegeben. *Frankfurt*, 1893, in-4. — Handbuch der Ritter und Verdienstorden alter kulturstanten der Welt, innerhalb des XIX Jahrhunderts. *Leipzig*, 1893, in-12. — Ens. 2 vol., fig., cart.

Nombreuses planches de blasons et d'ordres de chevalerie.

631. **Weil** (Le commandant). La Campagne de 1814, d'après les documents des archives impériales et royales de la

guerre, à Vienne. *Paris*, *Baudoin*, 1891, 4 vol. in-8, cart., br.

632. **Wolfgand von Dettingen.** Daniel Chodowiecki, ein berliner Künstlerleben im achtzehnten Jahrhundert, mit tafeln und illustrationen im text nach originalen des meisters. *Berlin*, *Grote*, 1895, in-8, fig., br.

633. **Wrangel** (Comte F.-U.). Les maisons souveráines de l'Europe, recueil de portraits, avec notices généalogiques. *Stockholm*, 1898, in-4, cart. toile, fers spéciaux, tr. dor. (*tome premier*). — La noblesse titrée de l'empire de Russie, avec la description de ses armoiries. *Sorau.* — Ens. 2 vol. in-4.

634. **Yriarte** (Charles). Florence, l'histoire, les Médicis, les humanistes, les lettres et les arts, orné de 500 gravures et planches. *Paris*, *Rothschild*, 1881, in-4, fig. en cart.

635. **Zélis au bain**, poème en quatre chants (par le marquis de Pezai). *Genève*, 1763, in-8, 4 figures, 4 vignettes et 4 culs-de-lampe d'Eisen, cart., non rogné.

Exemplaire sur grand papier de la première édition.

636. **Zienkowicz** (Léon). Les costumes du peuple polonais, suivis d'une description exacte de ses mœurs, de ses usages et de ses habitudes. *Paris*, 1841, in-4, fig., br.

39 planches de costumes coloriés.

637. **Zola** (Émile). Nana. *Paris*, *Charpentier*, 1880, in-12, demi-cart. vert, non rogné.

Édition originale, exemplaire sur papier de Hollande.
Sur le faux titre, la signature de Zola.

638. **Zola** (Émile). La curée, illustrations de Georges Jeanniot. *Paris*, *Testard*, 1894, gr. in-8, fig., br.

639. **Zola** (Émile). La faute de l'abbé Mouret (collection Guillaume). *Paris*, *Flammarion*. — Nouvelle campagne, 1896. *Paris*, *Charpentier*, 1897. — La Terre, avec une suite de 18 lithographies de H. G. Ibels. *Paris*, *Charpentier*, 1897. — Paris. *Paris*, *Charpentier*, 1898. — Ens. 4 vol. in-12, br.

Paris est en édition originale.

COSTUMES MILITAIRES

640. **Armée russe** 1814. *Augsburg*, *Herzberg*, 3 pièces in-4, coloriées.

641. **Armée russe** (1847), 6 planches lithographiées, publiées par Daziaro.

642. **Armée russe**. 25 pièces in-4 et in-8, coloriées.

643. **Bataille** près le village de Lesno, l'armée russe sous Pierre le Grand, les Suédois sous le comte Loervanhaupt, 28 septembre 1708, pièce russe, in-fol., coloriée.

644. **Charlet**. Souvenirs de l'armée du Nord, album pour 1833, suite complète de 20 pièces lithographiées, in-4. (L. 800 à 819).

645. **Images d'Épinal**, 50 planches in-folio, toutes relatives à Napoléon et à l'armée française.

646. **Garde impériale russe**. 2 planches in-fol., lithographies coloriées, publiées par Daziaro.

647. **Laslett**. L'empereur et l'armée française devant Moscou, eau-forte, in-fol.

Épreuve avant la lettre, avec remarque.

648. **Leprince** (Jean-Baptiste). Les Strelits, seule milice de Russie, jusqu'au temps de Pierre le Grand, suite de 8 pièces.

649. **Maison** militaire du roi. *Paris*, *Pillet*, 4 pièces. — Maison du roi, MM. les Mousquetaires noirs. *Paris*, *Martinet*. — Ens. 5 pièces coloriées.

650. **Paterssen**. Vue de la grande parade au palais de l'empereur Alexandre Ier, à Saint-Pétesbourg, pièce in-fol., en couleur.

651. **Rugendas**. La bataille d'Eylau en Prusse. — Retraite de l'armée française, de Moscou. — La bataille des nations, de Leipzig, 1813, 3 pièces in-fol., en couleur.

652. **Titeux** (Eugène). Historiques et uniformes de l'armée

française. — Cuirassiers, 15 planches. — Dragons, 30 pl. — Chasseurs à cheval, 23 pl. — Hussards, 15 pl. — Chasseurs d'Afrique, 8 pl. — Spahis, 5 pl. — Ens. 96 planches en couleur.

653. **Vernet** (Carle). Cosaque de Sibérie criant le houra, gravé par Débucourt, pièce in-folio, à la manière noire.

654. **Vernet** (Carle). Costumes militaires, 5 pièces in-4, gravées par Débucourt, en couleur.

655. **Vernet** (Carle). Mameluck au repos, pièce coloriée, gravée par Fazet.

656. **Vernet** (Carle). La bataille d'Eylau. — Bataille d'Esling. — La bataille d'Iéna. — Bataille de la Moskowa, 4 pièces in-folio, gravées par Wolf.

657. **Vernet** (Horace). Les enfans de Paris devant Witepsk. — Sauervied. Départ du bivouac, Cosaques et Baskirs, 2 pièces in-folio, à la manière noire.

658. **Vernet** (Horace). Vie d'un soldat, 5 lithographies (H. B., 89-93).

Épreuves avant la lettre.

659. **Vernier** (Ch.). Costumes militaires des différentes nations, 4 lithographies in-4, coloriées.

660. **Viel-Castel** (H. de). Costumes militaires, 1791-1814. 33 pièces in-4, coloriées.

661. **Wright**. The dreadful miseries of the french army, enbivouac surprised by the russian Cossacks. — The disgraceful flight of Bonaparte, from the battle of Krasnoc. — 2 pièces anglaises, en couleur, gravées par Hassell.

GRAVURES

662. **Boilly**. Les grimaces, 37 pièces en couleur.

663. **Daumier**. Monomanies, 6 lithographies.

664. **Decaisne**. Mme Malibran, rôle de Desdemona, gravé par Ch. Turner, in-folio.

665. **Géricault.** Études de chevaux, d'après nature, 30 lithographies.

666. **Histoire** des mœurs et du costume des Français dans le XVIIIe siècle, ornée de 12 estampes par **Freudenberg.** — Monument du costume physique et moral à la fin du XVIIIe siècle, ou tableau de la vie, orné de 26 figures dessinées et gravées par Moreau le jeune. *Stuttgart*, in-fol., fig.

667. **Jacottet.** Promenades dans Paris et ses environs, suite complète de 42 lithographies.

668. **Lami** (Eugène). Pièces diverses, voyage à Londres, vie de château, etc., 14 pièces, lithographies coloriées.

669. **Lami** (Eugène). Chevaux et voitures, 11 pièces coloriées.

670. **Lami** (Eugène). Croquis militaires, 9 lithographies.

671. **Lami** (Eugène). Lithographies diverses, 12 pièces.

672. **Lawrince.** Les nymphes scrupuleuses, gravées par Vidal, in-fol.

673. **Monnier** (Henry). Mœurs administratives, dessinées d'après nature. *Paris*, *Delpech*, 1828, titre et 6 pièces, lithographies coloriées.

674. **Monnier** (Henry). Impressions de voyage. *Paris*, *Aubert*, in-4, oblong.

Suite complète de 6 planches, lithographies coloriées.

675. **Monnier** (Henry). Récréations et distractions. *Paris*, *Bauger*, in-4, oblong.

Suite complète de 6 planches, lithographies coloriées,

676. **Monnier** (Henry). 87 pièces coloriées.

Séries incomplètes. Contrastes, 5 pièces. — Chansons de Béranger, 15 pièces. — Chansons de Béranger, in-4, 9 pièces. — Réunion d'hommes d'État, 2 pièces. — Esquisses parisiennes, 3 pièces — Mœurs parisiennes, 2 pièces. — Grisettes, 17 pièces. — Mœurs administratives, 6 pièces. — Galerie théâtrale, 8 pièces. — Boutiques de Paris, 3 pièces. — 13 pièces diverses et 4 pièces en noir.

677. **Paris.** Vue à vol d'oiseau, pendant les incendies de la Commune. — Entrée triomphale des Prussiens à Paris. *Paris*, *Bulla*, 2 pièces in-fol., en couleur.

678. **Quadrille de Marie Stuart** (2 mars 1829). Bal de la

duchesse de Berry ; in-fol., 22 planches de costumes, tirées sur papier de Chine, et 4 planches d'entrées et de vues de bal, dessinées par Eugène Lami, et coloriées au pinceau.

3 des planches d'entrées sont des tirages plus modernes et en plus petit format.

679. **Raffet.** Album de 1832, titre et 12 pièces in-4, couverture illustrée.

680. **Raffet.** 25 pièces.

681. **Rowlandson.** One tree hill Greenwich park, caricature anglaise, in-4, coloriée.

682. **Suprême bon ton** (Le). 6 planches in-4, coloriées.

683. **Vernet** (Horace). Incroyables et merveilleuses, 5 pièces in-4, en couleur.

684. Sous ce numéro, il sera vendu environ 200 volumes en lots.

(36)

MACON, PROTAT FRÈRES IMPRIMEURS.

SUCCESSION DU PLESSIS-BELLIÈRE

Documents et pièces historiques provenant de M. le marquis de Pastoret.

1. **Collection** des ordonnances des rois de France. Registre du parlement commençant le 1 jour de decembre 1436, au lundi 3 septembre 1481, in-fol., veau.

   Manuscrit de 359 feuillets, provenant du fond Camus.

2. **Table** des ordonnances des rois de France, qui ont été enregistrées au parlement de Metz, du 26 août 1633 au 18 mars 1700, in fol., veau.

   Manuscrit de 210 feuillets.

3. **Recueil** d'aucuns mémoires, instructions lettres missives et autres expéditions faictes par Monsieur Bourdin, secretaire d'estat et envoyées (par le commandement des roys soubs le service desquels il a exercé sa charge) devers l'empereur princes electeurs d'estatz de l'empire, et touchant les affaires d'estat de ce royaume, de 1563 a 1566 et de 1587 a 1616, 3 parties en 1 vol. in-fol., veau.

   Manuscrit de 321 feuillets.

4. **Registre** du parlement de Toulouse du 13 février 1443 au 17 octobre 1534, in-fol., veau.

   Manuscrit de 405 feuillets.

5. **Décisions** du droit maritime dans lesquelles on a gardé l'ordre suivi par l'ordonnance de 1681, avec la citation des loix, des auteurs et des jugements rendus sur cette matière, in-fol., veau.

   Manuscrit de 570 feuillets.

6. **Principes** sur la marine, tirés des depèches et des ordres du Roy, donnés sous le ministère de M. de Pontchartrain, le Chancelier, de 1691 à 1715, 2 vol., et sous le ministère

de M. le comte de Morville, depuis 1715 jusqu'en 1723. — Ens. 3 vol. in-4, veau marb., fil.

Manuscrit.

7. **Recueil** de plusieurs mémoires, requêtes et remontrances sur les fonctions de MM. les Maîtres des requêtes, tant auprès du Roi qu'au Conseil et au Parlement; et sur les prérogatives de leur charge, in-4, mar. vert, fil., dos orné, tr. dor. (*Rel. anc.*)

Manuscrit de 365 pages.

8. **Conseil d'État**. Comité de législation. Procès-verbaux des séances, septembre, octobre et novembre 1815, 3 vol. in-4, cart., non rognés.

www.ingramcontent.com/pod-product-compliance
Ingram Content Group UK Ltd.
Pitfield, Milton Keynes, MK11 3LW, UK
UKHW031930260826
14628UKWH00004B/1522